和孩子一起优秀

尹洋 著

中国纺织出版社有限公司

图书在版编目（CIP）数据

和孩子一起优秀 / 尹洋著 . -- 北京：中国纺织出版社有限公司，2020.12
ISBN 978-7-5180-7993-3

Ⅰ．①和… Ⅱ．①尹… Ⅲ．①亲子教育—家庭教育 Ⅳ．①G781

中国版本图书馆CIP数据核字（2020）第201355号

责任编辑：李凤琴　　责任校对：高　涵　　责任印制：储志伟

中国纺织出版社有限公司出版发行
地址：北京市朝阳区百子湾东里A407号楼　邮政编码：100124
销售电话：010—67004422　传真：010—87155801
http://www.c-textilep.com
官方微博 http://weibo.com/211988771
天津千鹤文化传播有限公司印刷　各地新华书店经销
2020年12月第1版第1次印刷
开本：787×1092　1/32　印张：6.5
字数：150千字　定价：46.80元

凡购本书，如有缺页、倒页、脱页，由本社图书营销中心调换

推荐序
被喜欢不是幸运，而是实力

第一次见到尹洋，是在星巴克的咖啡厅里。细心的她，见我第一面，就送给我两本书，我一看都是文学作品，心想，这一定是一位优雅自信的女性，才会送文学书籍给我。

她不完全是优雅自信，她的性格里还透露着强大的信念和超出常人的自律。尹洋是一位长得很美的女性，但我被她吸引全然不是因为她的颜值，而是因为她那一份"利他"的使命。她告诉我，她希望她的人生能为更多的家庭创造价值。能让更多的妈妈们找到人生的方向，也能让更多的青少年走向人生正途。她的语言打动了我，我相信她可以实现。

我在尹洋身上看到了满满的热情和坚韧的毅力。我不禁在想，热情和毅力的背后到底是什么？或许是价值观和使命感。在这位美丽的海归辣妈看来，帮助和成就他人是非常有价值的事情，所以她对生活充满了热情；同时，在不断地为他人赋能的过程中，她得到了尊重和认同，所以她的生命轨迹中，又充满了毅力。我为身边有这样一位优雅知性，同时又如此大爱利他的女性，感到骄傲。而尹洋，完美地展现了新时代的现代化女性所应有的样子，那就是：找到自己，成为自己，同时，又绽放自己。

我发现一个有趣的现象，在演讲的时候，经常会有人提问："老师，请问您是如何平衡事业和家庭的？"这句话本来不算是一个有针对性的问题，当如果只问女性而不问男性的话，那就相对有针对性了。每次我的回答都是："去看看你们身边有没有能平衡好的女性，如果有，去模仿她。"见过尹洋以后，我发现，这就是一位能兼顾所有的女性。尹洋有一个幸福的家庭，他先生阳光儒雅，尹洋善良智慧。真是一对完美的搭配。好的感情，其实就是他们这样势均力敌的情感，相互影响，互相成就，共同成长。而作为一位优秀的母亲最大的价值是：用生命影响生命。尹洋让我看到了生命的灵动与鲜活：最好的育儿，就是成为孩子的榜样。如果你孩子喜欢你爱你，愿意成为你，那么，你不教育他，他也会很优秀；倘若，你自己都活得一塌糊涂，你的孩子都不喜欢你，也不欣赏你，试想，你能把孩子教育成怎么样？尹洋的孩子都非常崇拜这位妈妈，在孩子心中，妈妈就是他们想成为的样子。

尹洋在书中说过：当你找到你自己，全世界都会找到你。而一个女人的魅力，唯有在做她自己的时候，才光芒万丈。尹洋就在真实地做着自己，她给了我们许多的出乎意料，才让生命变得如此美妙。

最后，我在想，为什么有些女性就是偏偏容易被人喜欢？是因为她们长得好看吗？是因为她们性格活泼吗？是因为她们爱笑吗？还是说，她们很幸运？其实，所有的一切都说明，尹洋被大家喜欢，真的不是因为幸运，而是她的坚持，她的努力，她的不妥协，她的善良，她的大爱，她的使命感……她的实力。而这个世界上唯一扛得住岁月摧残的，就是你的实力。

希望这本《和孩子一起优秀》能帮助及成就你,也希望每位父母,都能成为孩子心中的榜样,每一位阅读此书的人,都能成为最好的你自己。

安妮
(社会活动家,深圳市海归协会秘书长,《高绩效心智》和《你必须精致,这是女人的尊严》作者。)

自 序
我想和孩子一起变得优秀

人生，就是各种尝试和选择。作为一个 11 岁女孩和 9 岁半男孩的妈妈，在帮助我的两个宝贝成为更优秀的个体的同时，我也活成了自己最想成为的样子。

于我而言，做一个好妈妈才是我毕生最重要的事业。古人说："三十而立，四十而不惑。"到了 37 岁的年龄，人生过半，对很多事的期待就不同了，人生目标也会随之改变。自我精进和创造价值是我生命的两个主旋律，其他都是载体而已。在我眼中，不分工作和生活，只有我热爱的一切。

在加拿大生活和工作的五年，我拥有了一份看世界的智慧。参加了很多有趣的活动，经历了很多新鲜的事，遇到了特别多丰富有趣的人，看到了不同的风景，品尝了跟过去完全不同的人生滋味。从这些经历中我收获了一些小小的体悟和思考。我写这本书的目的，是想把一些人生经验分享给和我一样平凡但不普通的妈妈，帮助更多的女性在遇到挫折时，选择不放弃，向着愿景全力以赴，最终实现家庭和事业的双赢。

作为一名企业家教练，我接触了各种抑郁、焦虑、迷茫的个案，在帮助他们的同时，我也找到了自己人生的使命。任何工作都是一个提升心性、磨练灵魂的过程。每当遇到困难时，我都会不断地问自己："为什么出发？"人只有找到自己的使命，才能真正穿越黑暗，做好一路披荆斩棘的准备，最终到达只有极少数人才能实现的目标。

这个世界上的人们都在为两个字而忙——幸福。生活过得是否幸福不仅仅在于成就了什么？拥有了什么？更重要的是感受了什么？我在努力成为一个自信而充实的人，并用自己的光去成就他人和奉献社会。

在这本书中，我将会和你分享自己的体验和见证过的一切。希望读这本书的你，能够在我的生命故事中照见自己，并因为这份看见，去成为你最想成为的自己。

我们可以与孩子一起变得优秀。只要我们愿意学习，愿意改变，所有不堪的时刻，都可以变成托举我们向上的能量。一个人最痛苦的时候，往往是一个人成长最快的时候。它会成为生命中更丰厚的起点，而你的人生从此也将踏上乘风破浪之旅。

阅读这本书，希望你能有以下收获：

第一，明确自己的人生目标，全局性地规划自己的人生。我们不仅要成为一个好妈妈，更应该成为那个我们最喜欢的自己。

第二，增强自己的内心能量。当我们拥有强大的内心时，我们的学习能力会更强，蜕变也会更高效。只有妈妈成长了，孩子才能成长。

第三，控制好自己的情绪。实现家庭、事业、健康、人际关系、个人成长五个维度的共赢。

这本书是写给妈妈们的枕边书，它会帮助所有像我一样平凡，不愿向生活妥协，勇于主宰自己人生的女性朋友去构建自己真正想要的人生。在帮助孩子变优秀的路上，自己也变得更加优秀！每一个为人母的女性，都值得被尊重、被欣赏、被宠爱！祝大家都能活出自己最想成为的样子。

尹洋

2020 年 10 月于深圳

目　录
CONTENTS

第一章
当你找到自己，全世界都会找到你

从平庸到卓越，保持终身成长　　　　002
知道自己去哪儿，全世界都会给你让路　005
用卓越撑起自己的野心　　　　　　　　010
用自己的成长点亮每一天　　　　　　　014
做真实的自己，内在才有力量　　　　　017
创造由内而外的富足　　　　　　　　　021

第二章
拥抱成长型思维，你会越来越优秀

如何突破财富思维的瓶颈　　　　　　　026
挑战自己固有的消极思维　　　　　　　030
向外观世界，向内看自己　　　　　　　033
财务自由值得倾尽一生去追求　　　　　035
让人生拥有强大的内核　　　　　　　　039
生活就像爵士乐，需要自己去调配　　　044
用激情去创造想要的人生　　　　　　　048

第三章
决定人生高度的,是你的学习力

优秀是一种习惯	052
活出丰盛的人生	055
做一个乘风破浪的姐姐	058
别让"我以为"变成"我后悔"	062
无止境地成长,人生才更有趣	065
要勇于走出自己的舒适区	068
持续升级自己	072
生活是一场马拉松	076

第四章
不断自我进化,做一个高效能的妈妈

享受忙碌,过高效能的人生	080
时间只与努力的人做朋友	083
懂得取舍的人,才能走得更远	087
效率从哪儿来	090
卓越的人都是极度珍惜时间的人	093
高效能人士的10条黄金法则	095

第五章
做一个每天情绪稳定的好妈妈

不与自己对抗,我们才能变得更强大	100
从错误中学习,成为更好的妈妈	103

做自己情绪的主人　　　　　　　　　106
　　学会掌控情绪的开关　　　　　　　　110
　　焦虑的后疫情时代，你准备好了吗　　114
　　做一个情绪稳定的妈妈　　　　　　　118

第六章

不吼不叫，高效与孩子沟通

　　父母是定基调的人　　　　　　　　　　122
　　在紧闭的心门后，孩子到底在想什么　　124
　　把话说到孩子心里去　　　　　　　　　129
　　精进与孩子的相处之道　　　　　　　　132
　　孩子需要情感引导式教育　　　　　　　135
　　三人行必有我师　　　　　　　　　　　138
　　给女儿的信　　　　　　　　　　　　　141

第七章

孩子不需要管教，用心就好

　　孩子，不需要管教，用心就好　　　　　146
　　教给孩子的10条自我管理法则　　　　149
　　帮助孩子做好时间管理　　　　　　　　152
　　爸爸对孩子的成长太重要了　　　　　　155
　　懒妈也能培养出优秀的孩子　　　　　　157
　　读懂孩子的10条心法　　　　　　　　161

第八章
让孩子拥有成长型心态

和孩子一起透过承诺去创造　　166
培养孩子的创作者思维　　169
让阅读成为孩子的好习惯　　172
做孩子的读书榜样　　175
写作是打开孩子心门的金钥匙　　177

第九章
开启美妙的亲子旅行

带着孩子环游世界　　182
旅行教给孩子的10件事　　185
从旅行中去探寻家庭美育　　189
打造一个温暖有爱的旅行之家　　192
开启美妙的亲子旅行　　194

第一章

当你找到自己，全世界都会找到你

女人要有四样东西：扬在脸上的自信；长在心底的善良；融进血液里的骨气；刻进生命里的坚强。

从平庸到卓越，保持终身成长

记得收到了剽悍江湖寄来的奖杯和奖牌的那天，在开门的一刹那，我和女儿都惊呆了。六个包裹同时到达，何其壮观。女儿一边拆包裹，一边激动地说："妈妈，你得了这么多第一啊！你好棒啊！"我妈妈在一边发表关心："你不要这么拼命，快瘦成一只猴子了。"

我知道，她们都很爱我。

回观自己过往 36 年的成长经历，我想和大家分享我的 10 条进步方法论，它们让我从平庸到达了卓越。

（1）主动选择

所有的重生都是主动选择的结果。我出生在四川宜宾，生长在一个三四线的小城市。父母是双职工，18 岁之前我的世界非常狭小，活动范围仅限四川。高考的失利并没有打垮我，反而让我更加努力。我大二时考取了国导证，开始利用寒暑假在旅行社打工，不到 20 岁就实现了经济独立。30 岁从 0 到 1 学习法语，以 1 小时流利的法语交流征服了面试官，以技术移民的身份带着一家四口成功移民加拿大。

让自己有意愿、有能力做出主动选择。

（2）允许犯错

如果一个系统不能容错，那么它就是脆弱的。要全然地接纳自己的不完美，任何一个在现实世界里运转的系统所面对的，必然是一个不完美的、不理想的、各种意外频发的世界。

要允许自己犯错，设置一定的容错机制。

（3）创造类比

要有足够的知识、信息储备，才能在理解新事物时找到真正合适的参照物。

让自己看得更清楚、选择更高效。

（4）整合概念

只有概念足够多，它们之间才会产生"意外的连接"。学习就是反复打磨和整合概念，等着惊喜发生。

掌握一系列的概念，让它们融会贯通。

（5）转换焦点

马云说过："很多人输就输在，对于新兴事物，看不见、看不起、看不懂、来不及。"不是问自己，这个大势如何才能为我所用？而是问自己，我去做什么最有效？

转换焦点是整个征程的起点。

（6）重视朋友

我愿意花时间和精力去主动联络老朋友，以及那些认识不久但令我特别欣赏的新朋友。和她们在一起共度的时光，让我感到很放松很温暖。

要懂得维系已有的关系并主动去创造新的连接。

（7）成为榜样

榜样不需要完美，只需要不断进步。让自己不断践行，不断发生改变。只有改变，才会成为榜样。

把时间花在自己身上，默默地成为榜样。

（8）制造惊喜

以愉悦的或者有益的方式，制造生活中的小确幸。不要带有目的性的去读书，你会意外发现自己收获了宝贵的学习经验。

惊喜是可以被制造的，真正有价值的书，一本就可以改变你的生活。

（9）保持开放

人与人相处，真诚最重要。我特别不喜欢包裹自己的内心，让别人走不进来，也让自己走不出去。让分享变成一个纯粹开心的行为。

不要给自己建造围墙，始终保持开放。

（10）持续升级

我是一个长期主动持续升级自己的人。为了这个人设，我乐此不疲。保持魅力的秘诀是持续学习、不断进步！

让自己终身成长，成为一个有能力去帮助别人的人。

知道自己去哪儿，全世界都会给你让路

比尔·盖茨曾说：在21世纪，人们比的不是学习成绩，而是学习速度。

我是一名加拿大海归，在移居海外的五年里，我接触了在不同文化背景下实现财富自由的人群。我发现他们都有一些共性——除了自身的实力和努力，更重要的因素是，他们都是在多个维度打造出了自己的竞争力。

之前看过一篇文章，其中套用了几何原理来定义成长。实际上，用它来解释致富原则，也很受用。

单个维度上的致富，比的是长度；

两个维度上的致富，比的是面积；

三个维度上的致富，比的是体积。

在多个维度打造竞争力，好处有三点：

①丰富技能组合，让我们的生命拥有更多的可能性；

②塑造独特性，具有不可替代的核心竞争力；

③很难被复制，丰富了我们的生活。

回忆我的人生足迹，在加拿大的五年，我考取了美国NGH催眠师执照；取得了日本里千家茶道证书和池坊花艺教师证书。在我的理解中：奋斗的本质，是让自己出售时间的单价更高。

前段时间读李笑来老师的《财富自由之路》，促使我产生了思考上的飞跃。提高时间单价的方法，是想办法把原来一份的时间，卖出更多份。比如：写书、做课程。财富自由，是一个让我无限向往的奋斗目标。大脑升级靠践行，只有把学到的东西用起来，才是改变的根本。

不管自己曾经取得过什么样的成绩，依然需要终身成长。我慢慢发现，这一路走来，我有意识地打造自己多个维度的竞争力。因为我很笃定，我想要的自由，最根本不是财富。财富只是工具，我想要的自由，其本质是时间的自主权。

我前几天还在和朋友开玩笑，说当我把催眠做到线上后，感觉自己又离梦想进了一步。因为喜欢旅行的我，真的是说走就走啊！我喜欢不按套路出牌，云催眠不受地域限制，工作旅行两不误，在大量接个案的过程中，对自己专业能力的提升也是非常有帮助的。

如果你知道去哪儿,全世界都会给你让路!我总结了十大能力,希望对大家提升财富思维和个人影响力有所帮助。

(1)跨界的能力

朋友在聊到她选择产品经理的标准时,说她不是看对方写代码的能力,而是看心理学功底和审美能力。拿我自己来举例,将催眠师、花艺师、茶艺师这三个身份带来的资源、平台和流量进行整合,发挥了 1+1+1>3 的效果。

未来的职场,强调创新,追求艺术和技术的结合。

(2)分享的能力

分享不光是一种意愿,更是一种能力。你在朋友圈分享的内容,无不透露着你的思想、文化和美学品味。

未来是分享经济的时代,分享能力决定了你的影响力!

(3)时间管理的能力

我之前听过一个直播,那位老师建议能听直播千万别听回放。因为意愿度的不同会直接导致听课效果的不同。时间管理的目的,一是为了项目分类,二是提高单位时间的使用效率。时间花在哪儿,你的价值就在哪儿。

人永远都不会忙到没有时间做某件事,只是那件事没有放在你的优先级里而已。

(4)执行的能力

执行力就是一切!执行力分两种:一种是你彻底想明白了,剩下的就是干了；另一种是你还没彻底想明白，但感觉不做一定会后悔，于是就做了。

如果你真的想做一件事，马上就开始！

（5）创造复利的能力

使自己的金钱增值的人，会成为一个富有的人。通过副业为自己创造新的收入来源。以我为例，主业是催眠师，副业是做训练营。

管理好时间、利润率和投入，让你的个人价值无限放大。

（6）塑造未来的能力

绘制你的梦想蓝图，日拱一卒，一步一步地实现自己的梦想。一个始终积极看待未来的人，最终会过上自己真正想要的生活。

我们无法预言自己未来的样子，但可以塑造它。

（7）阅读的能力

有智者曾经说过："一个人是他读过的所有书的总和。"一方面，文字意味着思想，思想是无价的；另一方面，我们的收入会随着认知能力的扩展而增加。

你的思维，才真正决定了你的未来。

（8）冒险的能力

不去冒险便不可能获得成长。我们的自信心决定了我们是否敢于冒险。我六年前移民加拿大，也有过恐惧和担忧，但我很清楚自己要什么。我要的是丰富的生命体验和未来更大的可能性。

不冒险是最大的风险，冒险才有更多可能。

(9)投资的能力

想要饲养金钱的人,就必须投资金钱并获得收益。成为自己的财务部长,引入资本做股权投资,这就是时间的复利价值。

每个人都要有股权思维,现在的投入是为了收获未来的价值。

(10)写作的能力

写作是最好的自我投资。在自媒体时代,写作是打造个人品牌的最好方式。我目前最重要的一件事就是出书,它会帮助我快速实现商业价值、塑造个人品牌。

努力很重要,正确的努力姿势更重要。财富"十力",塑造你的与众不同!

用卓越撑起自己的野心

我每年的阅读量都在 150 本书以上，伴随着财富思维的迭代，享受着"被喂养"。但最迷恋的还是"创造"，我喜欢输入之后的输出动作。如同我最爱的插花，我在创造一个属于我自己的独一无二的作品。在过去的 100 多天，我写了 10 万字。于我而言，这些文字是思想与灵魂的绽放。

都说一个人是他读过的所有书的总和。我们每学到一个新知，都意味着有一个新的思想装进了我们的脑袋，从而搭建出新的知识体系。思想是无价的，成长让人幸福。

读书是为了更好地做事儿。我们不能只是读书，要将其内化成自己的血液，做出成绩来。

（1）极致践行冠军战略

用超高标准要求自己，只做第一。当我全力以赴时，会感受到前所未有的活力。稻盛和夫说过："人在工作中成长。为了提升心性、丰富心灵，需要全身心投入到工作之中。这样做，自己的人生就会更加美好，更加幸福。"我深以为然。

别人问你最多的问题，就是你最擅长的，是你身上的"闪光点"。我们要把自己的"闪光点"放大，让他人看到，并产生深入的认知。人设有三度：态度、温度和深度。态度体现了我们的专业性，呈现真实可信；温度体现在有生活情趣，很高级；深度体现在思维的深度和广度，持续的学习和成长。

教是最好的学。公益活动更激发了我想赋能更多人的愿望。我会不定期在线上和线下做一些公益演讲。

以影响力为导向，利他就是最好的利己！"让他人学到东西，帮助他人一起成长。"一直是我持续输出价值的初衷。通过某次的线上课程，我成功引流了700多位潜在客户到我的个人微信号上。工作中，我收获了财富，同时也收获了价值感。

在优秀通往卓越的路上并不拥挤，因为坚持的人不多。

（2）极致践行创新战略

在疫情期间，我将催眠做到了线上，用"云催眠"的方式帮助客户解决情绪卡点。实现了线上收入平均每天超过2000元的好成绩。将自己的使命、愿景、价值观联系在一起；将自己的事业，建立在利他的基础之上；由于不受地域的限制，我也成功吸引了海外的客户，目前实现"云催眠"成交的有新加坡和加拿大的客户。

从这个尝试中，我认识到：首先一定不要给自己设限，要敢于尝试；其次要以利他为前提，去帮助客户解决问题；最后抓住互联网的机会，抓住小视频和直播的风口，让自己的品牌更有影响力，从中国走向世界！

工作带给我们的，根本不是金钱的收入那么简单，它是我们人生终极价值实现的路径。

在催眠之前，我会为客户做个简单的诊断。运用五步法则：明确目标→识别问题→找到根源→规划方案→践行方案。明确他们想要什么？引导他们到潜意识里去找到问题的根源。

康德说："人具有一种自己创造自己的特性。"伴随着阅读量的增加和涉猎领域的拓宽，我在不断地迭代自己的认知。读书要有收获，关键在于有正确的读书观。我觉察到，要更专注于自己在书本中学到了什么，并把它践行在自己的工作和生活中。

人活一世，在事上磨炼。从工作和生活的挑战中，我懂得了做减法，将精力专注在自己最重要的事情上，时间管理能力得到了不断提升；学会了包容、理解了要承认差异，要用更高的格局去尊重。

（3）极致践行品牌战略

为了打造更值钱的个人品牌，我增加了自己的一对一教练服务，为客户提供专属陪伴。这个高单价的产品一经推出，就很快成交了两位私教学员，一位季度学员付费 18000 元；一位年度学员付费 30000 元。加上我当日的线上收入，最终单日的收入破了 50000 元。赋能他人的同时还能赚钱，是一种很高级的快乐。

从这个尝试中，我认识到：首先一定要给自己的时间定价。没有价格，你的品牌是不完整的；其次服务好你的高端客户，他们会更加尊重你的时间，肯定你的价值，并为你主动转介绍；最后商业的本质是共赢，一定要站在客户的角度思考问题，让客户赚！

遇到挑战，要主动去尝试！杀死旧我、重燃新我！疫情期间，我的线下催眠服务大受影响。但我没有因此而抱怨，通过潜心积累，将生意成功从线下转移到线上，并从国内扩延到国外。我们要用个人的确定性去对抗世界的不确定性。

女人要有四样东西：扬在脸上的自信；长在心底的善良；融进血液里的骨气；刻进生命里的坚强。

用卓越撑起自己的野心！当我们不想去证明自己，只是心无旁骛地努力工作和生活时，我们反而更加强大！于我而言，在自己柔弱的外表下，始终有一颗打不败的女王心。

期待与你在更高处相逢！

用自己的成长点亮每一天

人生不在于你读过多少书,而在于你有多么不服输。只要在正确的事情上,坚持不懈地努力,一定会越来越好。

(1)态度决定命运

从我开始写作以来,更多地体会到了觉察的力量。从之前喜欢"自嗨"的写作方式转变到"换位思考"的模式,建立了用户思维。努力成为一个践写者,开始很容易,坚持很难,但会很有激情!心理学有一个概念叫"观察性自我"。如果一个人做事是从尊崇价值的角度出发,就有了正确的方向和目标。开始践行写作后,我的觉知力明显增强,大大提升了自己的思考质量,当思考质量上升了,行为质量也就相应提升了。

那个曾经随心所欲的自己,如今已变得更有逻辑,变得更自律。我喜欢这个变化后散发着思想光芒的自己。我一直用成绩说话,吸引更多的人来靠近我、关注我、找到我。自己做第一只是初级版的冠军战略,今后我要更多地去帮助别人成为第一或服务那些本来已经是第一的人和公司。于我而言,这是升级版的冠军战略。一个人可以走得很快,一群人才能走得更远。

（2）气度决定格局

我在朋友们的眼中，是一个懂得平衡工作和生活的人。但有新的工作内容插入到原有的平衡中，我只能不断地调整自己的心态，合理安排好时间，才能不被慌乱坏了阵脚。

从慢节奏的加拿大多伦多回到快节奏的中国深圳，我迅速调整了自己的节奏。自己的飞速成长，让我更加清晰地认识了自己，我是一个自律、肯坚持的人，一个好的能力工作者，当多个项目同时进行时，能做到不慌乱，规划有序，才能最终达成多方效益最大化。

在这里分享几点我在个人成长上的小心得：

①制定目标、切分结果、拆解任务、安排时间；

②运用自我催眠的工具，让自己的大脑想象目标达成后的画面。将正能量话术植入自己的潜意识，坚信自己一定能完成这个目标；

③在实行计划的过程中不断修正自己；

④给自己设置阶段性目标；

⑤预知到变故要提前告知团队的小伙伴，提前安排好运营工作，多利他，关键时刻要挺身而出。

（3）厚度决定高度

我养成了每日复盘的好习惯。每周和季度再做一次大复盘。在坚持一段时间后，发现自我的觉察力明显增强，我将这种觉察带到每日工作、团队的建设和家庭日常生活中，惊喜地发现与团队成员和家人的沟通更加顺畅，更容易把握对方的情绪，更能够共情地去处理工作和家庭的棘手问题。孩子们也觉得妈妈更加温和了，亲子关系更加融洽。

我一直坚信：加速成长有一个最重要的原则，就是加入优质的圈子，与优秀的人共同成长。我从来不会吝啬对自己大脑的投资，我主动参加各类有助于提升个人影响力的学习，比如写作、演讲、社群运营、性格学、营销管理。

我掌握了体系化的学习方法，侧重对结构和交互关系的理解，透过表面的现象去寻求底层逻辑。我开始研究思维导图，运用各种我之前听都没听说过的 APP 去提升自己的逻辑思维能力。

（4）高度决定价值

思想的巨人，才能成为团队的领导者。成长，意味着可以有能力处理更大、更复杂的问题。新的一年继续多读书、见牛人、勤写作、重践行、常利他。打造自己的里程碑事件，有使命感地去践行自己的梦想。

我改变了自己的社交习惯，从被动转为主动。当我结识了新朋友，我会主动加对方的微信。这个动作换作以前，简直想都不敢想。习惯了矜持的我如今会主动连接有能量的朋友。

连接就意味着新的可能性，意味着新的财富机会。在过去一个月的学习里，我真真切切地感受到自己的势能在不断增加。近朱者赤，没想法也会变得有想法，小想法就变成了大想法。

新的一年，我要践行极致利他的精神，去帮助更多的人实现他们的梦想。为他人、为社会竭尽全力，这是使事业使人生朝着更好的方向转变的唯一标准。用自己的成长点亮每一天，只有先点亮了自己，才有力量去点亮身边的人。

当自己活成了一道光的时候，全世界都在你的身边。

做真实的自己，内在才有力量

周末，我的催眠客户给我发来短信："不要和别人比，去靠近自己的榜样人物，让自己活成自己想成为的人。"

真心为她开心，我还记得在帮她做第一次催眠时，第一个画面带她回到了小时候，请她回忆自己最快乐的画面。让我震惊的是，她泣不成声，"我真的没有快乐的画面，一个都没有，全是痛苦的画面。"

她有过一段十分扎心的婚姻，但不影响她继续追求幸福的权利。她在语音留言中告诉我："我这个周末和朋友去登山了，我希望我未来的先生也爱好运动和读书，我们可以一起交流读书心得，可以一起分享生活中的平凡点滴……"

我能真切地感受到她身上能量的回流。催眠太神奇了！可以帮助个案迅速地连接自己的潜意识，帮对方加强改变的信念。做自己才是最真实的状态，是自然流淌的。我们要呵护内心，学会定时清理。

只有做真实的自己，内在才有力量。

我参加演讲私房课时，认识了很多优秀又有趣的朋友。我个人所理解的影响力是：用我的经历覆盖他人的空白。当我站在台上，自信并流畅地介绍我的催眠故事，大家都被我打动了，认为我的故事对他们有启发和帮助，这是一份很有营养的精神食粮。

你的心有多大，你的世界就有多大。世界的大小，只取决于你愿意造福多少人。过去的我，只活出了自己；现在以及未来的我，会带着一群人活出全新的自己。

人不会因为认知而改变，但人会因为感知而改变。当我带领个案在催眠状态下看到他们希望的"未来"时，他们才会有想改变的强大意愿。更准确地说，是信念。

一个人命运的基本盘，底层是知识，从知识上升到能力，再由能力上升到信念。信念决定了你是否有足够的底气和强烈的企图心可以做成一件事。

我有时候挺虚荣的，怎么就出来要影响1亿人，怎么就在回国后不到1年，就定下要做年度深圳催眠行业服务人数的第一名？

感谢我的野心，所以我才特别勤奋！从一个随遇而安的性格变成了一个极其狼性的人，极致践行冠军战略。野心，必须靠卓越撑起！

影响力有五个阶段：认可—喜欢—尊重—依赖—崇拜。

我必须对我的1000个铁杆粉丝足够好，对大多数人来说，我的影响力停留在"喜欢"的阶段。我未来成长的空间很大呢！

要赢得尊重，我要继续成长为更好的自己，去帮助更多的人。用自己无法替代的核心竞争力去服务生命！

关于如何更好地做自己，我想分享自己总结的六点心得。

第一，打造自己的核心竞争力，持续为用户提供价值。

放大自己的优点而非修补缺点，做到标新立异。发布更优秀的内容是最好的网络优化方法。在无干扰的状态下专注磨炼技能，使个人的认知能力得到不断迭代。

第二，要想做到第一，服务好用户是前提，做到超预期交付。

拥有1000个真正的粉丝，就能充满活力地做自己想做的事情。在自己的能力圈内进行投资。

第三，良好的沟通技巧，可以和对方建立情感共鸣。

善于提出别人不敢问的"蠢问题"，使用提示性语言引出故事。比如："能给我讲讲那段你人生中最难熬的日子吗？当时……""你是怎样一步步坚持到最后的？"倾听的最高境界是要学会反映情感。有效的问题，会引导对方把注意力集中在问题的分析上。

第四，通过静心和每日复盘，培养自己的觉知力。

拥有惊人的预测能力，最需要的是学会观察自己的内心。我建议大家每天进行一次20～40分钟的内观。将注意力投注到当下正在发生的事情上，将心带回身体，回归当下。

第五，预见未来最好的办法是自己创造未来。

我可以帮助你在催眠状态下看到未来。把问题看作金矿，世界上最大的问题就是最大的商机。成为亿万富翁的最佳途径是去帮助10亿个人。在睡前回顾自己一天中的"三个成功之举"。

第六，接受痛苦，并把它像衬衫一样穿在身上。

把自己的早期成功说成是街头艺人的表演。摆脱痛苦的固定模式是，修炼和突破自己，实现真正的蜕变与成长。最痛苦的时候，是一个人成长最快的时候。

我记得《小王子》里有一句话:"星星发亮,是为了让每一个人有一天都能找到属于自己的星星。"

先点亮自己,才能照亮别人!做真实的自己吧,卸掉面具,当你找到你自己,全世界都会找到你!

创造由内而外的富足

每年的 4 月 23 日,是世界读书日,也是我和先生的结婚纪念日。一大早收到的惊喜——99 朵玫瑰。

卡片让我很感动,风风雨雨 11 年了。他在加拿大多伦多,我在中国深圳,两人聚少离多。婚姻,是两个人的道场。所有经历,都是完成自己。成为更好的自己,才是解决一切问题的关键。

冥冥之中，读书成为我生命中最重要的事。记得当年在深圳买的第一套房，我在客厅的沙发区订做了一整面书墙；移民加拿大时，送了一部分书给朋友，剩下的十几箱书全部海运到加拿大；去年回国，随行的8只大皮箱中，除了衣服，其余全是书。

书，是我生命中最大的滋养。

我想和大家分享一下由内而外富足的10条黄金法则。

法则一：自学

自学能力是靠积累增强的。通过日复一日的不断习得、积累、研究、打磨、升级那些概念和方法论。

通过知识的习得，感受心性的成长。

法则二：切换

面对新生事物时，一定要切换模式，否则就完全无法面对和研究。要主动升级自己的操作系统，舍得为自己的大脑投资。

在"苍蝇模式"和"蜜蜂模式"之间主动切换。

法则三：榜样

我们需要有自己的财富榜样。他们是我们模仿的、将来有可能会超越的对标对象。

像灯塔一样，榜样为我们的财富之路驱散迷茫。

法则四：反塑

我们是很容易被"反向塑造"的，我们和什么样的人打交道，我们就会反过来被他们塑造。你的身边如果都是由内而外富足的人，你就会成为那样的人。

靠近在财富上有结果的人，他们能带给你滋养。

法则五：理财

理财是人生最重要的技能，没有之一。要学习对自我和对风险的把控。学习理财，可以改善自制力和自控力。

转移注意力可以抵御诱惑。

法则六：躺赚

收入分为主动收入和被动收入。比如出书、课程、训练营等属于你自己的知识产品，都能丰富你的被动收入。

锻炼自己的创作技能，收获"无中生有"的能力。

法则七：自由

在今天这个时代，知识变现是主旋律。学识使人坚毅，求知就是求富。用学识支持的坚毅是可追求的，是具备优势的。

自律才能自由。

法则八：审美

高品质的生活与金钱是有一定联系的。关于财务自由，李笑来老师把它定义为："被动收入略高于支付足够高品质的生活必需支出所需要的金额。"

审美意识会触及并影响一个人价值观的方方面面。

法则九：节省

有些钱是不能省的，比如投资自己的钱、买书和工具的钱、事关安全的钱、事关终极体验的钱。不要降低自己的生活质量去换取未来的财富。

影响到创造未来的钱，就一定不能省。

法则十：性格

一个人的性格是由价值观决定的。价值观决定选择，选择决定行动，行动决定命运。

一个人的性格是长期自我选择积累的结果。

学会了以上 10 条黄金法则，让你创造由内而外的富足。

第二章

拥抱成长型思维，你会越来越优秀

> 我始终相信一句话：我们如果不去主动改造自己，就会被生活所改造。

如何突破财富思维的瓶颈

年度催眠客户问了我一个问题:"在提高思维的高度方面,有什么心得?"

我和她分享了自己回国后快速成长的破局点,是我开始主动连接有能量的牛人,向各个领域里最优秀的人请教,提升自己的认知。让自己始终保持一种信息和人的敏锐度,多连接多请教。

那天看到一句话很受用:"当你想和一个你欣赏的陌生人成为朋友,你就请他帮个忙。"关系是互动出来的、关系是麻烦出来的。不互动就永远没关系。开始创业后,我已经习惯了不再玻璃心,别人拒绝你很正常,说明信任未到,自己还有很大的成长空间,是件好事。

但你的主动,就让一些人有机会和你连接上了。他们对你的喜欢,是你之所以能成交的前提。你要感谢这些信任,要对信任你的人更好。

关于如何提升思维的高度,我自己总结了6条清单,希望对你有所启发。

(1)跨学科

学习更多的知识固然重要,有能力找到不同领域间面临的共同问题才能突破瓶颈。学习是一通百通的,我现在就是专注在把催眠的业务做到极致,结合美学、社会学、教育学和哲学上多年积累的"道",以及自己最擅长的情绪疗法。

将其变成自己最大的核心竞争力,在此基础上去发展其他的加分项,比如父母营后期的美学课堂和亲子游学,才能有机会做得同样出彩。

(2)练洞见

我们的假设和事物发展规律的重合度越高,我们洞见事物本质的能力也就越强。思考水平是你做出的假设与事物发展规律的重合度。在财富思维跃迁的路上,我们只有通过不断学习,才能比他人更早地洞察先机,看到本质。

主动连接牛人,就能拓宽圈子,扫除思维盲区,思维变得更开阔,成长动力就会更足。我将其称为"抱大腿"。学会主动给"大腿"付费,因为付费是最简单有效的连接方式,一旦你成为对方的付费用户,你们之间的关系很快就变近了,对方希望你变得更好,希望你成事,会更用心地帮你。

(3)得经验

想要提升管理能力,可以使用 PDCA(Plan、Do、Check、Action)策略。通过在实践中不断试错,逐步优化改进自己的解决方案,从而提升自身的决策能力。

可以通过网络付费约见管理方面的牛人,当你和牛人建立了良好关系后,他还会帮你引荐更多的牛人;参加高质量的社群和培训班,在线下约见牛人,主动和他们建立关系;自身做出成绩,当你有了影响力,很多牛人会主动找到你。

（4）建模型

思维模型有四个层次。由浅入深分别是：经验技巧、方法流程、学科原理、哲学视角。ABC思维模型是我过去用得比较多的模型，我们无法改变诱发刺激，但通过改变信念反应，就能改变行动结果。

所以当我们卡在一个地方走不下去时，可能需要调整的不仅仅是方法，更重要的是我们对待事件的心态。

对于已经发生的事情，我们没有办法改变，就好好复盘，总结经验，让自己变得更有智慧；好好积攒力量，为下一次再出发做准备。

（5）深思考

过去的我，在知识的积累上花了很多的时间，却很少会去思考问题背后的规律和原理，所以就无法大幅度突破自我认知的边界。

当我们在洞察了问题本质之后，利用已有的思维模型，就能拥有一套适合自己的成长模式，让我们得以站在巨人的肩膀上继续前行。

平时要积攒人品，多付出多利他；要抢占心智，不仅自己要成为第一，还要想办法让更多人知道自己是这个细分领域里的第一；要么做第一，要么做唯一，不做之一。

（6）重内化

环境就是价值网。首先找到自己的优势策略，把隐形知识转化成显性思维模型；其次借助五星笔记法，记录讲解逻辑，提炼思维模型；最后通过超一流学习法，寻找到超级人脉，碰撞出思想的火花，将机会变成具体行动。

很多时候，我们不一定要等自己攒够了资源才开始行动，只要你能找到有资源的人,并洞察别人的需求,提供别人想要的价值,你就有了和别人谈的资本。如果能合作,资源就到位了!这是水到渠成的事,如果你不行动,好运就永远不会来找你。

要想掌握多元思维模型,必须通过长期的努力,才能真正理解复杂现象背后的规律,找到快速突破财富思维瓶颈的方法。

让我们在财富思维进化的路上,彼此赋能,持续精进!

挑战自己固有的消极思维

人这一辈子,要为自己的梦想拼一次。机会来了,就要把握住。

我的一位老友,约我在家旁边的咖啡厅见面。她一见到我,就给了我一个大大的拥抱,激动地说:"你现在的状态太好了,小个子大能量!此时的你,就像一个受上帝垂青的精灵,穿梭于人间,向众人尽情展示着你的热情和惬意。而你释放出来的巨大能量,会让你身边的人发出由衷地感谢。"

听完她的这番话,我好感动!谢谢她让我知道自己是可以发光的,有能力去影响他人的生命。

我最近在思考一个问题:认知是如何影响行为的?

这篇原创文章会帮助你重观自己的思考模式,挑战自己固有的消极认知、习惯和行动。

秘密一:管窥与借用

在稀缺状态下,会产生借用行为。比如第一份没有能力偿还的账单,借用后就产生了稀缺,于是便有了管窥心态。

反思:处在稀缺状态下的人,不仅现在会感到穷和忙,之后也会持续感到穷和忙。

秘密二：忽视未来

稀缺会让我们搁置那些重要但不紧急的事情。比如整理房间、做体检等，我们会等紧急事务都全部处理完毕后，才会做这些事。

反思：如果将房间整理干净，就能省出很多找东西的时间，效率其实更高、心情也会更好。

秘密三：稀缺陷阱

人们将可预期事件当作突如其来的事件处理，比如手术量超过了手术室的可接待量。人们需要的不是偶尔表现出来的警醒，而是持续、永恒的警醒。

反思：拥有余闲，建立起应对突发事件的缓冲机制。

秘密四：带宽负担

任何形式的技能习得，比如去学习社交技巧，抑或是养成良好的消费习惯，都需要带宽。

反思：在研究贫困问题时，除了将目光专注于物质条件上，同时也应该去了解他们的带宽情况。

秘密五：能量管理

事情分四种："重要且急迫的、不重要且不急迫的、不重要但急迫的、重要但不急迫的。"能量主要来自4个源泉——身体、情绪、思想和精神。通过形成特定的习惯，它们能为我们系统地增加并定时补充能量。

反思：稀缺会导致认知障碍，学习有效地、智慧地管理个人能量。

秘密六：保持警觉

比如定期去健身房，需要一直对身材和健康保持警醒，才能长久坚持。为了避免去厨房取零食的举动，去超市时就要保持警醒，坚决不买零食。

反思：要将警醒型行为转变成一次性行动。

最后，我想分享一个结论：如果你想要什么，不要等急需的时候才去要，而要提前积累。

向外观世界，向内看自己

我最近接的催眠个案说自己工作没激情，几乎每天都在喊累。工作不是她喜欢的，感觉每天都在应付。

我帮她做完催眠后，送给她六个锦囊，帮助她向外观世界，向内看自己。只有长期坚持和极致热爱，才能找到自己。

锦囊一：多元思维模型

优秀的人，往往都是学科视野极为开阔的人。多元思维模型可以提高我们解决问题的效率。我很欣赏乔布斯的产品思维模型，将苹果打造出独特魅力；他同时利用用户思维模型，避开内部视角盲区，最终作出正确的客观决策。

锦囊二：全局性理解力

一个人具备足够多样的思维方式和足够丰富的知识层次，才能构建全局性理解力。有效的多元思维模型体系＝解决复杂问题所需的思维广度 × 思想深度。查理·芒格说："一个人只要掌握80到90个思维模型，就能够解决90%的问题。"在财富进化的路上，我们要懂得借势借力，实现层级跃迁。

锦囊三：组织能力的"杨三角"

为了调动员工做事的积极性，从员工思维（愿不愿意）、员工能力（会不会做）、员工治理（允不允许）的角度考虑，让员工愿意做事，并将跨学科知识融会贯通，利用杠杆思维模型，用最小资源撬动最大价值。

锦囊四：李靖"需求三角"

不同领域的有效策略可以相互借鉴。研究企业战略咨询规划，可以分析客户意愿、客户购买能力和我们提供的产品之间的关系。首先用市场来检验，计算出理想与现实的落差；其次设计出填补落差的方案；最后规划出采取行动的成本。

锦囊五：逻辑层次模型

心理学家罗伯特·迪尔茨将人们思考问题的逻辑分为六层。由低到高分别是：环境层、行为/行动层、能力层、价值观层、角色层、愿景层。了解一个模型的方法论只是起点，在财富精进的路上，更重要的是践行。

锦囊六：思维层次模型

认识世界有四个层次，由低到高分别是：商业思维、技术思维、科学思维和人文思维。这个模型颠覆了我的认知，原来最顶层的是人文思维。如果一个人只停留在商业思维，他就看不到技术的演变；如果一个人只有技术思维，他最终会对技术的发展走向感到迷茫；如果只有科学思维，就无法探寻科学本身的意义；一定要加入人文思维，我们才能形成正确的、完整的认知架构。

向外观世界，向内看自己。六个锦囊可以帮到你！

财务自由值得倾尽一生去追求

我们都希望不再只为挣钱而工作，我们的积蓄能保证孩子有机会接受最好的教育，我们有足够的现金流能应对难以预测的未来。

最近在读托尼·罗宾斯的《钱》，他基于广泛调研，经过了与世界上五十几位富有传奇色彩的金融专家一对一的访谈，创建了七步法。对我们如何构建理想的终身收入流有非常大的借鉴意义。

君子爱财，取之有道。一生二，二生三，三生万物。"钱生钱"的金融理财是最能折射人性的游戏。我始终坚信：只有当财富的灵魂是爱与认同的时候，金钱才能给人带来真正的幸福。财务自由与心灵自由一样，都值得倾尽一生去追求。

为了钱工作与为了爱工作，你的心态是完全不同的。为钱工作，我们是钱的奴隶；为爱工作，钱是我们的奴隶。

钱就是自由。我们做投资和理财，最本质的目的不是积累更多的钱，而是获得更大的自由。

人不可能赚到他自己认知以外的钱。有七点心得分享给大家。

（1）多存钱

中国人的储蓄率是世界上最高的。但前几天看报道说，现在的80后、90后基本是月光族。老一辈贮蓄的优良传统没有在我们身上发扬光大。我现在会把每月收入的30%作为固定储蓄，自然减少了我的消费支出，也更安心地将剩余的钱纳入学习预算和用于体验式的感官享受。

（2）少上当

可以根据自己的财务状况，购买适合自己的投资理财产品，把钱交给银行的金融专家来打理。对事业和生活做合理的配置，当自己的收入升级后，资产配置就需要升级。

（3）勤规划

定好大目标，选择好路径。以我自己为例，我今年的年收入目标是100万元。除去度假和学习的时间，细分到每个月要完成的业绩是 10 万元。月目标再拆分为周目标,需要成交几位年度催眠个案？云催眠的人数和服务时长是多少？利他是最好的商业模式。差异化竞争、深度洞察和持续在细分领域里深耕,才能让自己的产品和服务脱颖而出。

（4）做配置

托尼·罗宾斯讲了三大水桶,中国人将水比作财。

第一个水桶是安心水桶。这个水桶求稳,只做固定收益投资,本金安全,收益固定。

第二个水桶是成长水桶。这个水桶求进,可以做股票投资、房地产投资。投资的目标是追求更高的收益增长。

第三个水桶是梦想水桶。要配置一小部分钱到你的梦想水桶。不要等以后钱多了才去追求梦想。以我为例,我每年会让自己学习一项新的技能,去尝试各种新鲜的体验。

（5）稳收入

光挣的多还不够,需要把资产转化成未来长期稳定的收入才行。最稳健的投资是保险。

（6）学大师

先从简单易行的投资方法学起,在有了一定的经验积累和财富积累后,再根据自己的实际情况,模仿最适合自己的对标对象。

（7）大财富

对于整个人类来说,最大的财富不在过去而在未来。对于我们每个人来说，最大的财富不是金钱，而是激情。感受到生命的激情，才是最大的财富。

　　财富最终的秘密是给予。工作仅仅是为了钱，是没有意义的，但是用钱来追求你的自由和梦想，这非常的有意义。我做催眠，不是为了钱，而是为了自己、为了家人，为了我想帮助的个案们感受幸福、追求自由！

让人生拥有强大的内核

我们做任何事，都要把基本功练扎实，就像盖一栋高楼大厦，地基必须稳固，我们的内心力量才会上来，我们也才能去取得实质性的突破。今天，我们来谈谈人生必备的15项能力。

（1）建立自我意识的能力

建立心中有"我"的概念。我的催眠个案中，有部分是在疗愈小时候的伤痛，他们常常会从潜意识中感知父母对他们的伤害，比如常常拿他和其他孩子比较，而产生了"我"不如别人的想法。因此，"我"开始否定这个"我"，变得越来越不自信。

被父母和长辈们引导"要乖，要听话"，常常忽略了自我思考的重要性，我们学会了随波逐流，学会了服从。

（2）表达内心感受的能力

真实且有效地表达内心的思想意念和情绪感受是非常重要的。作为家长，我们习惯了用命令和批判的方式来和孩子交流。这些方式让孩子不愿意和父母沟通。

电子产品充斥着我们的生活，孩子们花很多的时间在追剧、打游戏、刷抖音上，人与人之间的交流变少，孩子容易形成内向性格。

（3）与潜意识连接的能力

意识是我们可以察觉的部分，大家都听过冰山理论。意识只占到10%，而潜意识的力量巨大，它占到冰山下面90%的体量。意识的力量表现为我们的理性思维，目的是让我们更有效地处理生活中的每件事。

潜意识是用感觉来沟通。当我们接受潜意识中的感受，整个人的心理能量会大大增强。我们学任何东西和做任何事都会更快、更有效率。

（4）身心合一的能力

理性与感性并重，感性是负责情绪感受的部分。每一份情绪都有它的意义，当我们理解并懂得背后的原因时，我们就能更有效地做出改变。

我的催眠个案经常告诉我："我明明觉得这件事应该去做，但就是拖延，不到最后一分钟是不会行动的。"那是因为没有做到身心合一，内心充满了矛盾与冲突。

（5）多线思维方式的能力

简单地讲，就是从多个角度看事情。但在我们的孩子成长的过程中，我们常常要求他们听话，试卷总是有标准答案的，这些都会造就孩子们的单线思维。

单线思维的人很容易陷入迷茫和困境，因为他别无选择，能力单一。我们要鼓励孩子发展多线思维，这样能大大激发他们的潜能，提升创造力。

（6）换位思考的能力

我们常常自以为是，目中无人，没有把焦点放在别人身上。要学会从别人的角度看自己，前提条件是要建立自我意识，首先有"我"的意识，才能从别人的角度看待自己。

（7）独立解决问题的能力

我们习惯了从小在父母的庇护下成长，有任何问题，他们都会帮我们解决。当我们缺乏自我意识时，就会觉得我们需要他人来照顾我们。没了父母，我们什么都做不好。当我们碰到问题，我们马上会想到求助，想着去哪里找答案，而不想自己如何能独自解决它。

（8）处理冲突的能力

从小到大，父母和老师都教导我们："以和为贵"。当我们没有尊重别人的界限，冲突就很容易发生了。当我们活在情绪里，不能有效解读时，就会产生冲突。我们应该教会孩子如何在冲突面前处理人和事。

（9）对失败不否定的能力

我们不可能永远拿第一，但如果我们考95分，父母通常会把焦点放在丢掉的5分上，让我们描述为什么会丢分？收获了哪些经验教训？无形中给了我们巨大的压力。

为什么不肯定我们拿到的95分呢？在父母那里，感觉我们永远做得不够好。由于失败和挫折，会造成我们的心理创伤，导致我们不敢负责任、没有担当、喜欢逃避，内心充满了自责。

（10）面对分离的能力

我们都有趋吉避凶的态度，因为这是中国传统文化的暗示，我们也习惯了向父母报喜不报忧。当我们面对亲人的离世、与另一半分手、事业失败时，我们常常不知所措，身心受到巨大的伤害。我们要学会接纳，开始创造和转化，让自己有机会在痛苦中获得最大的成长。

（11）拥有正确金钱观的能力

金钱是我们生活的必需品，它的出现大大增加了我们生活的便利性。你的金钱观是"有钱能使鬼推磨"？还是"钱不是万能的，但没有钱是万万不能的"。我们爱钱，但不能成为金钱的奴隶。我们自己要有正确的金钱观，我们的孩子才能有一个正确的态度。

（12）拥有感恩的能力

我们不能让我们的孩子觉得什么都是理所当然的，"恩"是没有权利得到而得到的东西。我们必须要让孩子知道，没有人是必须要对他们好的。感恩的反义词是"委屈"。我们的孩子如果感觉他应该有的部分没有得到满足，他们就会产生委屈的情绪。如果我们缺乏感恩的能力，我们会在人生的每个维度都活得很辛苦，尤其在人际关系上。

（13）观察的能力

在生活中，我们不难发现，有的人做事很草率、仓促，往往得不到自己想要的结果。他们的人际关系和与家人的关系都不够亲密，甚至是疏离的。对人、事、物的观察力，决定了一个人思考的深度和广度，决定了他的生命状态。

（14）了解学习模式的能力

孩子对学习的内驱力，决定了他是否能在学习上取得好成绩，是否能对学习产生兴趣，是否能专注于当下。当我们了解了自己的学习模式，我们会在每件事中吸取教训，提升学习的绩效，能够更积极、更主动地去每日精进自己。我们要帮助孩子了解，学习并不仅限于课堂或书本，我们碰到的每一个人、每一次旅行、每一个展览、每一场音乐会、每一个困难……都可以带给我们成长。

（15）在系统中生活的能力

社会是一个复杂的系统，我们不能脱离任何的人、事、物而生存。我们必须遵守法律和游戏规则，我们不能自私自利，活在自己的世界里。我们更多地要把焦点放在别人的身上。远离不负责任、投机取巧、欺骗，严谨地对待每一件小事。要培养自己的公民意识和社会责任，要为社会多作贡献。

当我们具备了这 15 项能力，就拥有了一个强大的内核。这是一个创新的世界，实践使命是一个长期的过程，我余生会和我的伙伴们致力于青少年成长，我们余生只做这一件事，我们会拿出自己 100% 负责任的态度，全力以赴去帮助有需要的人。

让这个世界，因为有我们，变得好一点点！

生活就像爵士乐，需要自己去调配

生活就像爵士乐，需要我们自己去调配。昨晚和一位大咖聊天，请他帮我的新书取名。他给了我很多启发，令我豁然开朗。最重要的是四个字："用户思维。"不是我想怎么样通过自己的文字去展示专业和能力，而是一切以读者的视角出发，这本书是写给谁的？思考她们想通过我这本书收获什么？她们的需求才是我内容输出的重中之重。

好友与我通话了一小时，说最近压力很大，觉得做什么都提不起兴致。她感觉我好像做什么都很有目标，总能拿到结果。我给她分享了我最近最大的体会："试错的成本很低，错过的成本很高。"我们常常因为怀疑、不信任错过了很多机会。我是一个特别喜欢探索新知的人，每年会给自己准备学习预算。当我给自己订好短期和长期目标后，我会拆解目标并细化出要学习的技能，找到与提升该技能相匹配的课程。

我始终相信一句话：我们如果不去主动改造自己，就会被生活所改造。下面分享我最近学习和工作中的几点感悟：

（1）做细分领域里面最厉害的人，成为朋友圈中的首选

我们要在自己的细分领域里打造自己的核心竞争力。我今天下

午在催眠会所里接待了一位新客户,她体验完第一次催眠后,感受到全然的放松,呼吸很畅快,心情很开朗。她在催眠状态下的感悟让我非常感动。

"人活着干嘛要这么痛苦呢!"她感知到陪伴是最重要的,她渴望生活不是总被安排,可以由自己来主导。她希望能成为别人的希望,能给他人带来力量。于是她随即决定进行阶段性治疗。她觉得我的工作特别高尚,因为我有机会让更多人看到他们自己的光芒。

(2)做一个特立独行且有用的人

特立独行且有用是猫叔在女专家商学院里给我们的分享之一。不同才能成为别人的谈资,因为有话题性。与其更好,不如不同。干出成绩来就有话语权。先做出结果来,用结果说话。微信上的流量是最值得深耕的,守住微信(专注于视频号、公众号、朋友圈,为用户提供价值),想在视频号和公众号做出成绩,就四个字:将心注入。

(3)不要在别人的身上创造期望

我们浪费了太多的能量去期望别人变得不同,但结果我们会发现,我们不可能去改变任何人,只能改变自己。与他人冲突的背后,是一个受了伤的自我。当我们足够坦诚地面对自己,我们会看到所有合理化的理由背后,都有一个受了伤的自我在抱怨:"你无视我、你不尊重我、你不爱我⋯⋯"我们要给予自己更多的认同和接受。

(4)不要害怕愤怒和恐惧

我们不要害怕愤怒和恐惧,它们只是一股能量。我们常常会发现,我们可以很有创意地利用这些能量来提升自己的生活。我有个朋友告诉我，她每次失恋时，写出的文章都特别动情，常常可以创作出几万字的情感佳作。我发现自己在生气时，会特别喜欢清理房间物品。有一位个案问我愤怒背后的原因，我认为其实是自己的期待落空。我们必须要觉察自己在期待什么？在这个过程中，哪个环节我们可以有选择，去100%负起责任来。

（5）感受体内的活力

把注意力转移到内在更深处。我们要勇敢地生活在没有安全感之中，只有这样我们才能感到充满活力。我们永远不知道下一刻会发生什么，探索未知，去感受活力四射。我们可以利用心理能量的增强和元气满满的活力去做建设性的事，比如跳舞、插花、茶道或清理家里积累很长时间但不会再用到的杂物。

（6）感觉没有好坏之分

在催眠状态下，我们能感受到能量的流动。我们停止了头脑的判断，只是用身体去感觉。我的催眠个案经常会说：我的世界里为什么都是负面情绪？我总是会先考虑最坏的结果。

感觉没有好坏之分，我们会本能地专注在一些令我们不满意的时刻上面。我们需要唤醒对生命的全新触觉，它会带给我们完全不一样的质量和感觉。我们转念，把关注点集中在积极的事物上，我们便开始体验更多积极和滋养人的情绪。

（7）不要把自己当成"受害者"

把自己当成"受害者"，在我看来只是一个借口。它让我们有了不负责任、不积极进取、不去冒险的合理理由。我们用抱怨和指责代替了觉醒和改变,我们没有100%对自己的人生负起责任来。

老把自己当成受害者,我们是不可能活出一个丰盛喜悦的人生的。我们的生命态度决定了我们的生命质量。今天,就换一个负责任的版本吧!

(8) 对自己的反应负起责任来

我指的不是对状况负责任,状况我们是不可控的。我们唯一可控的是我们对待状况的态度。当面对自己不愿意面对的事实,第一步就是承认事实并接受它。比如误机了,已经无法改变。第二步就是把注意力放在如何将损失减到最小。让自己变得更具适应力,而不是抱怨。第三步就是充满活力地享受当下,比如误机让我有了更多的时间看书。变坏事为好事。

不同的看法会影响我们对突发状况的诠释。我们都听过心理疏导中的ABC法则,面对事件的发生,我们能始终保持平和,不抱怨、不沮丧、不愤怒,从不同的角度看问题,才能让我们远离制造问题的大脑,让我们生活得更通透。

朋友们,继续去做新的、有趣的、能帮助他人的事情吧!它们能改变我们的能量,让我们更有创造力!

用激情去创造想要的人生

对我们每个人来说,最大的财富不是金钱,而是激情。感受到生命的激情,才是最大的财富。

(1)明确金钱的意义

认清金钱的规律,就会发现自己的财务状况在日益改善。它会为我们开创机遇,将我们引向自己从未想过的方向。

(2)确立最重要的目标

我们的潜意识会支持我们去构建梦想储蓄罐和梦想相册。让钱成为我们生活中的一种令人愉快的力量。

(3)想象的艺术

为了钱工作和为了爱工作,心态是完全不同的。想象的艺术会使得我们不放弃已经作出的决定。让我们自信、有想法,做自己喜欢做的事。

(4)72小时定律

付诸实施的关键是在72小时里去完成你想做的事情。有机会去帮助别人，让他们感到幸福。

（5）享受生活

拥有追求自己真正想要的生活的勇气。多存钱、做规划、稳收入。如果活着只是为了钱，太没意义了。但用钱来追求自由和梦想，就变得很有意义。

（6）永不放弃

并非困难使我们放弃，而是因为我们放弃，才显得如此困难。天下难事，必作于易；天下大事，必作于细。

（7）做力所能及的事

写下10个想变得富有的原因。写完之后会发现，富有是一件很值得去争取的事情。一个人挣钱的多少是和他的自信心联系在一起的。将精力集中在自己的能力范围之内。

（8）尽最大努力去做事

当我们真的付出全部努力时，就不需要借口了。我们经常把一生的时间用来考虑自己不知道、不能做或没有的东西上。

（9）写成功日记

生活变得更加有趣和充实，用和以前不同的方式去认识有意思的人。努力去了解一切新事物，每天都思考很多问题。

（10）提升生活质量

悠闲地享受生活、表达感情，或从事艺术性和创造性的活动。

用激情去创造我们想要的人生，值得我们用一辈子的时间。

第三章

决定人生高度的,是你的学习力

今天只要比昨天做得更好,长此以往,每一天都付出努力和行动,我们就会更加接近自己最想成为的人。

优秀是一种习惯

女儿最近在研究星座:"妈妈,水瓶座是学神!难怪你总是拿第一。"

我笑了笑:"妈妈在小的时候成绩也不是特别好,高考更是严重失利,但妈妈反脆弱的能力特别强。在哪里跌倒就在哪里爬起来,把人生当成一场马拉松,谁笑到最后,谁才是赢家。"

很多朋友都说我的悟性很高,学习能力超强。一个新的学科,我能很快地融会贯通,并在非常短的时间里迅速突破,飞速上升。之前学催眠、插花、茶道、油画、芭蕾都是如此;如今学营销、新媒体运营、社群经济、演讲、创新模型好像也不太费力。我想是我理解了"道"的底层逻辑,把之前所学的术巧妙地串联起来了。这仿佛打通了自己的"任督二脉",好是惊喜!

学习这件事是需要被规划的。尽管如今知识付费的渠道便捷,但学习本身是会占用我们的时间和资源的。

我身边有很多朋友不停地在线上买课囤课。但常常坚持不了多久,学了一段时间就放弃了,然后听朋友说某某课程很不错,又开始学新的内容。到后来发现选择越多,自己越容易迷茫。

这些坑我之前都踩过,除了喜欢买课,还喜欢囤书。到后来发现,学习效果不尽如人意。后来经过反复实践,向高手们请教后,我慢慢开始找到学习的方法，并在短时间内取得了迅猛的突破。在牛人无数的训练营，拿了无数个第一。成功是成功之母，让我越发变得自信。我之所以有这样的进步，除了朋友们口中的厚积薄发，我想还有一些个人经验的习得。

每年我都会给自己列一个学习的主线。我会综合自身事业的发展，定出每年的学习规划。比如今年我重点突破写作和演讲，反复死磕，让自己变得越来越专业。

我曾经看过一个教育博主的分享：她一周用8小时写作。通常2小时写一篇文章，一篇文章3000字，那么，她一周可以写12000字，两个月就可以写10万字，再加上一个月的修改时间，三个月，就能完成一本书了。

当时我心想：写书离我太遥远，这些人太有毅力了，轻轻松松就能写10万字。但当我自己也开始践行写作后，发现日拱一卒的我，三个月时间也积累了10万字。太不可思议了！有时候我们认为的极限，也许才刚刚是我们的起点。

给自己一年的时间重点突破。分析什么学科对你目前的工作是最重要的，你就要先专注地去学习这一项学科。如果什么都想抓，是无法让你学有所成的。所以，学习需要保持自己的节奏，也要懂得做减法。

因为学习最重要的是专注。

找到一群志同道合的朋友一起学习，我把它叫作构建自己的"核心正能量圈"。比如我的私教老师，每次课程迭代，都要拉几个他信赖的"自己人"一起参与脑暴。通常都会有很多的好点子出来，最重要的是他有机会收集用户的反馈，加大了产品推向市场的成功率。

找到你自己在短板领域里最强的人去学习。以我自己为例，我缺乏宏观的系统思维能力，我就主动找到程序员出身的老师进行贴身学习。以前的我，是穷人思维，绝对不会舍得花3万块钱去上一对一的私教课，而且只有6次课，相当于5000元/小时。但后来我发现，我花的钱越多，我越重视这个课程。我发现自己听得无比认真，会将学到的理论主动去实践，短期内就能出结果。

成功＝意愿×能力×思维方式

如果我们花了很大的力气，却一直没有进步，可以开始思考是不是思维方式出了问题。思维方式决定了我们的行动方向。

很多人会说，我根本拿不出这么多钱来学习。世界永远是二八定律，真正成功的人永远是那20%的人。猫叔当年钱包里也不富裕，他拿出了5000元开始了他人生的第一个知识付费课程，之后一发不可收拾，他不断地投资自己的大脑，不停地见牛人、给牛人付费、抱大腿。

综上所述，优秀是一种习惯，用学习来不断提升自己的核心竞争力吧。只有能力是别人拿不走的。你强大了，才能拥有更多人生的选择权！我们一起加油！

活出丰盛的人生

我最近上的课程带给我一些思考。最近半年一直以来的思考模式，仿佛都是处在赢过别人的体系里，"凡事都想争第一"。

这导致我不太敢去追求大的挑战，只敢去追求赢的感觉。

这也让我反思：我在肯定我的两个孩子时，我肯定的是行为带来的那个结果？还是行为背后的动机？

在事件发生后，我常常会与孩子们进行分析。这次我们为什么能赢？我们做对了什么？记得上次去香港迪士尼，儿子喜欢上了一个打枪的冒险游戏，一次又一次地重复，结果是：我们一家四口陪着他整整玩了10次。

我的分数每次都是四个人中最高的。儿子说："妈妈永远是冠军战略。"其实并不是我的枪法有多准，而是我对待我所选择的事情时，会足够专注。我会用算法去分析获胜的最佳选择。

孩子们都喜欢带来体验感的事情。我希望我的两个孩子自尊水平很高，让他们感受到我无条件的爱，自我价值感就会增强。我从来不会问他们："班上第一名是谁？"我只希望他们和昨天的自己比较，不断迭代、不断成长。

我平常微信上信息非常多，我往往会固定一个时段去做统一回复，比如睡觉前。我曾经因为晚回朋友的信息，让对方受伤。开始我会特别委屈，觉得自己是真的没时间看消息和回复消息啊。

但换位思考，对方感受到的是我的冷淡和不重视。我特别不希望让信任我的朋友受冷落。所以我现在做出了改变，会在看到信息后的第一时间回复对方。无论多忙，至少中午和晚上各统一回复一次，减少漏掉信息的概率。

比如今天收到闺蜜君君的短信，发现是昨天发的，我赶紧回复。君君知道我周三要开始第二阶段的课程。她以一个过来人的身份，给我打气，让我准备好自己的体力和心力。君君是我生命中最大的贵人，没有之一。当时在加拿大时，我晃晃悠悠地过着让外界看起来岁月静好的日子。插花、茶道、画画、旅行、空中瑜伽……玩得不亦乐乎。从没有想过自己要去影响别人。但她认为我身上的能量很强，一定要去帮助更多的人成长，给需要帮助的人以希望。

君君告诉我国内知识付费的趋势，不断和我交流着她在深圳的每一次学习，鼓励我一定要出一本自己的书。

回到深圳后，我的很多愿望都是在她的鼓励和帮助下一一实现了。想起七年前，我们在泰国的第一次偶遇，开启了一段非同一般的友谊。

每一个人都被赋予一个特定的角色。每一个角色都带有自己的爱好和特点。我们的无意识正在形成一个不同于意识性的我们的人格。

（1）和金钱说"是"

当我们听到别人赚钱很多或很成功时，一定要跟着感到兴奋，因为那表示我们处在相同的频率上。我们一定要先给出去，多利他、多付出，你会收获更多的爱。

特蕾莎修女在获得诺贝尔和平奖时说过一句话："重要的不是

我们付出了多少,而是我们在付出之中放进了多少爱。"

(2)爱的吸引力

一位荷兰的科学家说过:"单靠杰出的理解力或聪明才智,或是两者兼备,都无法成就一个天才。爱,才是天才的灵魂。"

我们本该为了工作带来的喜悦而工作,我们去工作是因为它能带给我们刺激和兴奋感,因为我们喜爱那份工作,当我们在工作中找到意义和价值,去充分享受我们的工作,钱是自然而然的产物。

(3)提升自我的感受

快乐是通往成功之门的钥匙。想象、玩乐、创造各种内在游戏,并且去做一切可以提升心情、让我们感觉美好的事情。当我们提升了自己的感受时,我们同时也提升了自己的事业。

(4)不要将金钱设为唯一目标

想象自己想要的,感受到你内在的快乐,爱的吸引力就会为我们找出一个完美的方式。让我们接收到自己想要的事物。比如我的个案在催眠状态下看到自己的渴望,三年内想要买一栋海景别墅,她在未来画面里想象并感觉到了自己住在里面的喜悦,画面就会强化她的信念,加速目标的实现。

生命的美妙之处在于,当我们把爱放在第一位,我们就有机会活出丰盛的人生!爱是带来金钱的吸引力,也是让金钱留住的力量。

做一个乘风破浪的姐姐

那天我决定给自己放一个假,开始追现在最火的综艺节目——《乘风破浪的姐姐》。我已经忘记有多长时间没有看过电视了,如果不是明天有课程,如果不是儿子跑来沙发,用头靠在我的肩膀上,糯糯地对我说:"妈妈,我想和你一起睡觉。"我想,我应该会任性地刷完一个通宵。

我在 30 位小姐姐的身上,看到了自己的影子。她们每个人都是我的一面镜子。我始终认为,30 岁之后,才是一个女人的黄金时期。我个人是到了 36 岁之后,才拥有了对世界、对生命提问的能力。

疫情前,我还在寻找深圳最好的爵士舞学校,不是为了女儿,是为了我自己。我每年都会让自己学一项新技能,今年我想把这个名额给到爵士舞。之前在加拿大时,教堂每年的筹款晚会,我都会参与跳舞。有一次是演舞台剧《曹桂英》,我们舞蹈组一共跳了三段舞蹈,其中有一支就是爵士舞。我一直喜欢挑战,喜欢爵士舞的韵律感,它可以把 30 岁女人身上特有的性感、成熟、魅惑和复杂演绎得淋漓尽致。

我特别想系统地学习爵士舞,听到音乐就可以自信地舞动。我享受突破和努力的状态,只要有可能,我就会去争取。这个节目,再次点燃了我心中的那把火。今年的目标:"在圣诞晚会上,C 位

出道，燃炸全场！"

节目中，忘记是哪个姐姐说了句："我是一个特别喜欢别人对我说我不行的人，这会点燃我心中熊熊的斗志，我偏行给你看。"我在她的话语中，看到了我自己。

无惧年龄，敢做敢赢。女人活得漂亮，才是本事！我最近学到一个词"飒"，帅气到气场两米。

我的人生，在36岁转了个弯，人生海海。有野心是一种成长，30岁以后的我们，比20岁时更知道自己要什么。更清楚我们真正要打败的不是别人，不是任何人，而是以前的自己。丁当的那首《小小鸟》把我唱哭了，出走半生，只为"寻寻觅觅一个温暖的怀抱"。

水瓶座的我一直活得自由洒脱，不按套路出牌。不断地跳脱自己的舒适区，一次又一次地选择冒险。勇敢无畏，看不懂人走茶凉，也不需要懂，就让一切流向记忆的深海……

原来，冒险是"少女"的标配。

在第一阶段的课程中，我结识了很多高能量的同学。其中一个姐姐被我身上的特质吸引，坚持要和我一组。我何尝不是为她的"霸气"臣服，她有着企业家乘风破浪的气势。

她建议我："洋洋，你余生的目标很宏大，你想要影响一亿人，你就不能再少女心。"

我的选择是一份责任。我要努力担起这个重任。我刻意让自己更成熟，无论是着装上，还是待人接物上。但我的心里始终住着一个爱冒险的小女孩，健身时还是会情不自禁地来张"照骗"。

好期待和同学们重逢。在第一阶段的课程上，我有幸认识了德豪，中国国家篮球队队员。他颠覆了我对于运动员的主观偏见，他除了拥有非同常人的坚韧不拔，还具有惊人的洞察力。

在与他的诚恳交流中，我的"自卑"表露无遗。我看到了自己一直想回避的部分，我要突破。

马上就开始第二阶段的课程了，五天的封闭式培训是对体力和心力的巨大挑战。我前一天上午到花卉小镇逛了逛，放松身心。下午回工作室给催眠个案写复盘；输出公众号文章；提前录好五个小视频，以保证日更的频率。

在身体健康方面，我重回健身房锻炼。开始日更视频号和创立DG成长圈以来，常常没有办法上午练瑜伽。但这是我自己的选择，我就妥妥地负起责任来。在心理层面，我每天检视自己，如果有负面情绪，是什么事情让我产生这个情绪。之后向内探索原因。让自己在面对每天遇到的人、事、物中，学会醒觉。

在上第一阶段的课程时，老师说人生就是一场旅程，我们的生命就好像坐云霄飞车一样，上下起伏，刺激不断。

所有的外在事物都是我们内在投射出来的结果。在灵性成长的旅途中，我们除了迎向自己的闪光面，还要愿意去承认、接纳自己的阴暗面。我的自卑和自私，我要无条件地接纳它们，走出自己的局限，回到原始的本然状态，还原最自然的状态。

我们追求的到底是什么？

我想是快乐吧！这是每个人的渴望。但快乐更深层的意义，是由内向外的绽放。它是从我们内心深处油然而生的。所以我们一旦拥有了它，外界是夺不走的。

负面的情绪就像黑暗一样，我们是驱散不走它们的。我们唯一可以做的，是带进光来。

去感受生活中愉悦的点点滴滴，比如我在花卉小镇偶遇的一家有趣的园艺工作室；一片滴着露水的树叶；一个女儿阳光般的笑容；一份朋友真诚的祝福……

"如果时间还能重来，请你带我去看吻别前的那片海。让风带走一切，把失去的爱慢慢找回来。"多么疗愈的歌词啊！

我们最好的年龄就是现在，30多岁的我们，比之前更有智慧；更有家庭的责任感；更清楚此生来这个世界的意义。

一切过往，皆为序章。直挂云帆，乘风破浪！

别让"我以为"变成"我后悔"

生命只有一次,今天教练发了一张图片给我,看完很受鼓励。"想+干=成功,等+看=落空。相信是成功的起点,坚持是成功的终点。"

带家人去参加 Bryne 的毕业典礼,听到他的分享,我哭了;收到他写给我的信,很喜悦也很感动。我看到他开启了蜕变,为他开心。他终于遇到了那个藏在他内心却一直被他忽略的自己。

我们都一样,活在别人的评价里,我们相信人性本善良,我们都渴望自由,我们害怕出错,常常不敢踏出第一步。

这个课程,让我们收获了最重要的八个字:"本自富足,爱满自溢。"我在生活攻略的起始阶段,学会了"贡献"。贡献是把焦点向外,去关心他人。创造一切可以创造的时间,100% 时间创造 100% 可能性。

我在帮两个小娃找夏令营的过程中,很痛苦。第一是课程不能满足我们的需求;第二则是价格高到实在离谱。我心想:为什么不直接创造呢?于是联动身边的资源马上做起来。

第一时间拉群,结合了身边有高度价值观的人脉节点,开启明日的脑洞会议。参会人员中还有专程从广州和上海过来的朋友。我发现自己是有号召力的,加强了自己想做好这件事情的信心。

姐姐上午给我留言了："洋洋，坚持并持续发扬你自己的优势，冠军思维才能让你更卓越。你不能刻意收敛你的锋芒，你会错失很多机会。对你而言，发扬优点比改掉缺点更能让你卓越。你看看乔布斯，他坚持了'自以为是'才让他成为了伟大的领袖。"

我们的亲子夏令营要立足于做人最基本的伦理观和道德观。基于最朴实的做人的原则，将15项人生必备的能力融入孩子们的学习和生活中。

周末陪儿子看科比的TOP50灌篮视频，看得我们全家热血沸腾。科比是一个真正有影响力的领袖，他在篮球场上的努力、拼搏、勇气，让我们看到了无限的可能性。

我很欣赏稻盛和夫创办企业的目的："在追求全体员工物质和精神两方面幸福的同时，为人类社会的进步发展作出贡献。"我们做事情最重要的初心如果是利他的，这件事一定可以做好。

我始终认为，价值观的培养才是养育孩子最重要的关键点。做人的正确准则是正直、勤奋、谦虚、坚强、利他、诚信、严谨、真诚……帮助孩子们拥有一颗纯洁而美好的心灵，找到自己优于常人的天赋和才能。倾注自己全部的热情，这是人生获得巨大成功的秘诀。

在上生活攻略前，就听说这个课程像过山车，我们的情绪会在这108天里起起落落。的确如此，我时常会觉得时间超级不够用，仿佛做什么都很慌乱；思想常常陷入瓶颈，感觉很闭塞；有时候又像是打了鸡血，觉得只要努力，什么事情都能做好。

我们会在课程中帮助孩子们去找到学习和生活的乐趣，认识到什么是读书的意义。和孩子们一同去思考人生应有的状态是什么？如何度过一个幸福而充实的暑假？

人生在世，为欲所迷，为欲所困。过去的我，沉迷于自己的小世界中，以为丰衣足食就是幸福；以为想做什么就做什么就是自由；以为自己活得绽放了就不枉此生。

　　我的生命也活得太小了吧，当我们结束生命的那一天，我们在今世所创造的地位、权利、金钱都不能带走，但我们的影响力和精神却是永恒的。就像科比和乔布斯，他们就像灯塔，照亮着我们。

　　别让"我以为"变成"我后悔"，我有太多的框框把自己给框住了，我要一个个去拆除它们，会很辛苦，但这是成长的必经之路。人活着的意义不就在于磨炼灵魂，提升心性吗？我们的生命可以活大一些！

无止境地成长，人生才更有趣

那天和闺蜜们一起去吃韩式烤肉，一群认识了10年的姐妹决定开启一场纪念旅行。目的地是云南丽江，酒店选了悦榕庄，我们准备好好享受度假带给我们的放松和愉悦。

晚餐后去酒吧喝酒，聊到接近凌晨。闺蜜说："七年就能让一个人脱胎换骨，从细胞基底更新至一个完全不一样的人。"的确，我们和十年前完全不同了，变得更有主见，越来越知道自己想要什么。

清晨五点半的深圳，好美的晨曦，开启新一天的修炼。

尝尽人间的苦乐和幸福，我们任何时候都不能停止顽强地努力奋斗。我们在生活的磨炼中提升心性，涵养精神。

我常常和孩子们说，不需要和任何人比。只需要和昨天的自己比。今天只要比昨天做得更好，长此以往，每一天都付出努力和行动，我们就会更加接近自己最想成为的人。

把挑战和困难看成机会，它是生命送给我们的礼物。每一天、每一个场域都是我们的练功场。读书和工作，都是一辈子的修行。

在《活法》这本书里看到一段话很喜欢："人的灵魂可以被磨炼，也可以被污染，人的精神可以变得高尚也可以变得卑微，这取决于我们的人生态度，就是我们准备怎样度过自己的人生。"态度决定命运！

早上和山海先生通话，吸引力法则为我们创造了这一小时愉快的通话。更准确地说，是山海先生真诚的连接打动了我，我佩服他的主动和勇气。人际关系的冒险让我们的距离又近了一步，他的视频号很温暖，亲子美食让我认识了一个有趣、有温度、有情怀的芒果爸爸。

原来小芒果在2岁半时就创作了她人生中的第一道菜。孩子的创造力和审美力通过做饭被开启，学习了合作、耐心、付出等关键词。做饭成为了孩子生活中的一部分，让小芒果变得更加自信、果敢、坚韧。父母优秀，孩子自然优秀！为山海先生点赞。

人格＝性格＋哲思，我们与生俱来的性格，加上在人生旅途中经历的事件产生的哲思，两者相加就是人格。近日在催眠会所鼓励我的年度催眠个案与她心目中的智者对话，她全程非常投入，与潜意识连接，发现自己之前是靠恐惧支持自己，之后期待像自己的老师一样，靠梦想支持自己前行。"人类没有想象力，就是机器了。"跨出第一步最难。

在我们成长的路上，理性和感性经常打架。如果我们没有在"道"上，做的事情就是不对的，在错误的路上奔跑也没有用。

不是我们未来的恐惧在推着我们往前走，而是当我们真正看到那个喜悦后，那个探索新知的状态会激发我们。拿我自己为例，我如果在催眠行业继续深耕，我的收入会比现在提升好几个百分点。但我在这个行动的过程中看到青少年成长的刚需，青少年是我特别想帮助和支持的人群。

所以我选择吃苦，花更多的精力和时间在搭建团队架构上、在设计夏令营课程上，想真正地帮助孩子成长，让家长和孩子们感受到变化。当我们全力以赴时，结果一定不会差。

我一辈子都在探索新知，探索生命更多的可能性。这也是我认为我们父母最应该赋能孩子的部分。让孩子有学习的内驱力，自己充满热情地去创造自己的人生。

很多人不去坚持，是因为怕输。我的催眠个案给我打了一个比喻："刚开始我们是看山是山，看水是水；接下来会看山不是山，看水不是水；到最后是看山还是山，看水还是水。"这就是一个人成长的历程。

"慢慢地我们会发现，只要努力，很多事情都能做好，而大部分人都不会去努力。"这是催眠个案在催眠状态下的感受，扎心了。

人生真理是在勤奋工作中去领会的。只要我们全神贯注去做事，持之以恒、精益求精，我们就能收获无止境的成长。

要勇于走出自己的舒适区

我们都渴望诗与远方,但常常因为生活的苟且而放弃了自己的情怀。有人说:"有钱才有情怀。"

创造、需求、热情是赚钱的前提,赚钱只是你做好一件事情之后的结果,并不是原因。

如果一个人做一件事只是为了赚钱,我相信他一定赚不到钱。你的工作和生活是否有意义和价值?你的工作是不是能为别人创造价值?

赚钱是不断努力的结果,并不是原因。为人谦虚的能力比完美完成工作的能力更重要。

上周与华为的前任高管一起喝下午茶,她目前已经退休,当她在和我聊到任正非和孟晚舟时,那种家人般的情谊特别让人感动。钢铁般的意志是任正非从小教育女儿应具有的核心竞争力,他从来不会给女儿讲《白雪公主和七个小矮人》《美人鱼》,而是讲战斗英雄的故事,比如《董存瑞炸碉堡》《女英雄刘胡兰》。她告诉我,如果现在华为有难,他们这些退休员工是会全力以赴去支持华为的,即便不拿工资。

我想,一个成功企业最成功的地方,就是企划出价格略高、顾客也依然想买的顾客价值。建立一个员工不考虑工资,也依然渴望在此工作的归属感。

最近见了不少牛人，他们有个共同点，都是付出者，为公司、为社会、为国家、为世界在奉献自己的热情和才能。与他们近距离接触，我想分享自己的几点体会：

①对追求有意义的人生进行思考和总结，做大事和做小事的难易程度是一致的，选择一个有挑战的值得追求的宏伟目标，让回报与我们的努力相匹配。

②要善于研究你生活中取得巨大成功的人和组织，他们可以帮助我们快速提升。

思维力、学习力、人脉力都需要提升。普通人和牛人的差距，并不是10000小时的知识积累，而是100小时的思维提升和方法学习。

③优秀的管理者既洞悉每个部分如何独立运行，也熟知各部分之间如何相互协作。专业能力包含思维能力、学习能力和创新能力。管理能力包含执行力、领导力和沟通协调能力。

④信息是最重要的商业资产，拥有的视角越多，态度越开放。随着年龄的增长，我们经历的事情越来越多，阅历越来越丰富，内心能量却渐渐被遏制了，开始不接受自己、不信任自己、不尊重自己。

只有改变了不良认知，才能恢复内心能量。

⑤一个人的信念必须超越自我和个人需求。任何因信念和核心价值观的激励而选择的挑战都是值得的。

最近和一个90后的女生聊天，她很优秀，她告诉我选对工作对她来说意义重大，之前每天都是无精打采，做一天和尚撞一天钟。但现在每天都是在微笑中醒来，不断在工作中寻求突破，努力地在工作中实现自我价值。

⑥要具有志在必得的气魄和一往无前的精神，要勇往直前。责

任感让我鼓足勇气不断走出自己的舒适区，去尝试新的探索。

说到做到，只要做到这一点就能战胜 90% 的人。行动力是人与人之间最大的差距。能在现实世界中创造结果的唯有行动。莎士比亚说过："自我怀疑是叛徒。害怕尝试导致我们丢了本可以打赢的仗。"

⑦永远不要骄傲自满，客观地评估每个机会的风险。不打无准备之仗，只要目标清晰，全世界都会帮你。清晰的人生目标是实现自我、摆脱焦虑的第一步，更是吸引有用的资源，最终实现目标的重要一步。

⑧问题越严峻，竞争就越有限，对问题解决者的回报就越大。我刚回国时，对一个朋友说："我想为青少年发声，他们明明可以做他们自己，却偏偏要戴着面具和父母生活十几年。"我的朋友劝我："洋洋，这是中国整个教育体制的问题，不是你想改变就能改变的。"

现在的我，更有力量了。我想告诉她："一粒石头就能改变河流的方向。"当我和我的团队能够影响一个父母，那么就能影响至少 2～3 个家庭，当我们能够影响 20 个、50 个、100 个、500 个、1000 个家庭时，我们就为社会、为中国的未来贡献了一份自己的力量。

⑨忧虑是一种积极的心理活动，可以开阔人的思路。任何事情都不是二元对立的。不是事情本身决定我们的结果，而是我们对待这件事情的态度，决定了事情会出现什么样的转机。

⑩每个人都有梦想。尽你所能帮助别人实现他们的目标。利他才是最好的商业模式。如果一个人只盯着自己的利益，大家都会远离他。只有把焦点放在别人身上，考虑怎么让对方舒服，让对方获利，

你才能最大程度收获你想要的一切。

　　人生是一场关于生命的可能性的旅程。当我们对未来有一个美好而清晰的愿景时，就像给生命铺了一条路，我们的生命就会顺着我们描绘的愿景一步一步向前走。未来，一起向前！

持续升级自己

我们对待生活，永远拥有选择的权利。我们和人生赢家的差距，不在于财富、地位、智力、体力和影响力，而在于认知决定的持续行动力之间的差异。

（1）拜牛人为师

我身边有一些优秀的创业者，他们很多都是从腾讯、阿里出来的。大公司的战略平台造就了他们活跃的思维，大公司的节奏很快，大家拼命干活，你争我抢的氛围促使他们不断做出成绩。

（2）与学霸为伍

学习环境很重要，一线城市有更好的学习资源，更好的同伴环境。我个人感触很深，从加拿大慢节奏的学习状态回到深圳，我作为一个很少输出的人也开始了每日复盘和写作，与优秀的同学为伍，倒逼自己更努力。当你看到比你有钱比你优秀的人还如此努力的时候，就会激发你的内驱力，让自己高速前进。

（3）进入高质量的圈子

混高质量的社群是非常好的连接"大咖"的方式。我的视频号粉丝还不错，有幸进入了视频号2W+的交流群。第一次和李笑来、刘润、猫叔等大咖成为同伴，这个圈子的能量是完全不一样的。他们时常会在里面分享一些视频号心得，我们还有机会可以私聊，这其实考验的是情商和自己对外连接大咖的勇气。

（4）向有结果的人请教

我个人很欣赏知行合一的人，这个世界喜欢喊口号的人太多了，光说不练就是纸上谈兵。我们获得"向上学"最快的方式是看这个老师有没有厉害的结果，他的学生有没有厉害的结果。如果答案是肯定的，付费向他请教就对了！生命很贵，时间很贵，向高能量的人连接，是成长最快的方式。

（5）向榜样的老师学习

我个人比较喜欢看书，我也会关注我的榜样们在看什么书？他们在向谁付费学习？比如我的私教老师贺嘉，他为了提升自己的写作能力，就付费向粥左罗学习。所以我就知道了粥左罗这个人很厉害，我也可以向他请教。找好的老师指导，是进化的关键。

（6）刻意练习

大家都听说过10000小时理论，但事实上我们只需要在自己的细分领域里持续深耕，哪怕每天2小时，100天之后也已经可以超越朋友圈中大部分人了。因为坚持对大部分人来说太难了，它是反人性的。能坚持下来的人一定是少数，他们才能成为朋友圈中的首选。

（7）日拱一卒

每天进步一点点，坚持带来大改变！我一直坚持每日写作，哪怕出差、上强度很大的课程、身体不适、情绪不好等借口都不可以动摇我日拱一卒的决心。它们是我对自己的承诺，这个承诺便是我一定可以变得更好！不给失败找借口，只给成功找方法。

（8）教是最好的学

我们都看过学习的金字塔，听和读能吸收的知识量是有限的。当我们可以把知识很流畅地讲给他人听，能帮别人去解决问题，能为他们创造价值，能将自己的知识付费产品卖出去，才是融会贯通的最好证明。当我们有底气去卖，说明我们对自己的产品很有信心，就像我们要推出的夏令营产品，我们团队成员很用心地打磨产品，目标是超价值交付。让用户们感受到我们的真诚和用心。

（9）多见厉害的人

我特别喜欢给自己找刺激，当我见到很多优秀的90后创业者，看到他们在这3~5年取得的飞速成长，我就会主动给自己"打鸡血"，让自己迅速充电。这么年轻，居然这么优秀！后生可畏啊！我学习了他们的赚钱模式和创业心得，倒逼自己更努力，多去向有结果的人请教。

（10）不甘平庸

我们对成功的渴望程度决定了我们的行动力。"付出不亚于任何人的努力，不能只是一句口号。"这句话有点扎心。一个人做成一件事情靠的不是运气，而是一种累积的效应。我们在做DG成长圈时，很多朋友对我说："洋洋，这件事情就是应该你来做，你已经在这个领域里积累了这么多经验和能力，你的国际化视野、你在加拿大和中国的教育资源和人脉都可以助力你们来实现这个伟业！你们在做一件造福社会和世界的事情，青少年成长是大事！你的使命感就是要让你做大事……"

谢谢大家给我们的正向反馈，这条路一定充满着荆棘和各种前行路上的不确定，但我们知道它是一条艰难但绝对正确的道路。所以我们不会为自己找借口，不会选择逃避和退缩，只会拿着宝剑披荆斩棘，因为除了胜利，我们无路可走！

成为更好的自己，是解决一切问题的关键。

生活是一场马拉松

今年，我最重要的目标是和团队成员一起，把 DG 成长圈的夏令营产品打造成最有温度和价值交付的王牌产品。为了把这个目标变为现实，我需要持续做以下六件事。

（1）保持自律

首先寻找自己的强大动机。工作的使命感让我有了利他之心，期待通过自己和团队的专业知识和特殊经历去帮助更多的人。其次约束自己，专注做好青少年成长这一件事。每个人的精力是有限的，通过阅读修炼内功，坚持每天运动一小时，保持精力充沛的状态。最后通过每日复盘，预先做好应对诱惑的方案。做每一件事之前，要考虑它是否符合自己的价值观和灵魂属性。

（2）知行合一

意义和目的是驱动行为的根源。抓住短视频和直播的风口，首先在喜马拉雅和小鹅通开设线上的青少年成长课程，吸引对此感兴趣的用户；其次将有深度需求的客户引流到线下做一对一的咨询服务；最后定期做线下演讲，在精准客户的圈子里及时输出自己的价值，实现批量成交。我始终有一个观点："当你的工作是以利他为前提，赚钱只是自然而然的结果。"

（3）极致践行

首先在睡前列举出每日完成的三件难事。树立信心，让自己获得掌控感，当自己产生了自信和掌控感时，才更容易坚持；其次主动结交有毅力的人，向有毅力的人学习，通过他人的成功经验来赋能自己，是成长最快的方式；最后多读青少年成长的专业书籍，不断精进自己；多听 TED 演讲，提升自己的影响力。影响力就是变现力。十倍影响力带来十倍收入。人要逼自己一把，否则你不可能知道自己的潜力在哪里。有时候，你以为的极致，只是你的起点。

（4）搜集反馈

首先关注每一个青少年和家长的真实需求，严格保密，不评判，让客户感受到安全和被爱；其次，每个人都有寻求自我实现和被尊重的权利，通过催眠疗愈的工具，开发客户的潜意识，帮助对方创造新我；最后，搜集并整理自己在青少年成长工作中的成功案例。客户的变化是最有说服力的，以此来帮助更多的青少年。才华，不会让你坚韧不拔。只有把生活当成一场马拉松，而不是一次短跑，梦想才能照进现实！

（5）发展人才

真正促进改变的唯一方法是以身作则。首先通过我对工作的态度去赋能我的团队成员；其次态度影响行为，我要始终坚信我的团队非常卓越，今天就能做到极致；最后一定要与他们互动，了解他们的想法，鼓励他们做出成绩。我始终相信：一个人可以走得很快，一群人才能走得更远。

（6）投资大脑

我始终认为，投资自己的大脑是稳赚不赔的。首先继续跟着有结果的人学习，升级财富认知。成功与否，有时候不是你做不做得到，是你想不想得到。其次，多找牛人交流。线下见面不方便，可以打电话，多聊工作，请教线上和线下的推广模式。最后，从心理学的角度，我总结了一个原创公式：学习内驱力＋成长型的思维模式＋持久的行动力＝成功。

尼采说："每一个不曾起舞的日子，都是对自己人生的辜负。"珍惜生活的每一分、每一秒，在梦想照进现实的情境里翩翩起舞！

第四章

不断自我进化，做一个高效能的妈妈

一个人从什么时候开始系统管理自己的时间，他的人生才真正开始通往卓越。

享受忙碌，过高效能的人生

我最近有一个昵称叫"超人妈妈"。因为疫情关系，先生在加拿大回不来。朋友们觉得我一个人带两个娃，居然还可以工作、健身、写书、做视频号……

在生活中我们经常感觉自己很忙，没时间做这个做那个。与此同时，我们又惊讶于别人能在相同的时间内取得很好的成绩。那么，时间管理的秘诀究竟是什么？

我始终认为，时间是不可以被管理的。我们要管理的不是时间，而是自己。

作为一个女性创业者，要做的事情越来越多，可用的时间越来越少。伴随着越来越大的压力，生活一度成了一团乱麻。家里常常出现一堆碗挤在洗碗池里待洗；玩具、零食布满了家里的每个角落，有时一周才能整理一次房间；一次扔掉 7～8 袋垃圾……后来请了清洁阿姨，生活有所改观。

由于疫情关系，我的工作时间完全围绕着孩子们的接送时间进行调整，早上安排云催眠，线下催眠只能安排在下午 4 点以后。孩子们的晚餐常常需要叫外卖。周末无休，基本都在工作，不能很好地陪伴孩子们。我知道必须要改变。

我主动联系了晚辅的黄老师，让她帮忙照顾两个孩子，他们晚上在她家用餐。我下午和晚上的时间就彻底解放出来了。可以安心工作，不用担心孩子们独自在家的安全。

我的成长与两个孩子的成长完全是并行发展的。作为终身学习者，在陪伴孩子长大的过程中，我也有自己发展的需求。过去的我，恨不得日程表从早排到晚、密密麻麻地记录一天要完成的任务清单。

现在的我变得更理智，知道一天就那么多时间，人的精力是有限的，我得选择做什么，不做什么。每天只安排三件最重要的事。我发现当我调整了战略，变得不再"贪心"，工作的效率和生活的质量也都得到了相应地提升。

关于如何设计自己近期的时间分割,我有个小妙招分享给大家。首先用思维导图去清晰目标；再用笔记去丰富灵感；最后用网络云盘去沉淀文件。将工作模块、个人成长和家庭生活做了进一步的梳理。

不要给自己设限，人生有无数种可能。

　　时间管理不应该是让自己的生活越来越忙，而是应当通过有效的规划和设计，让处理时间更高效，让生活化繁为简，让自己变得更加轻松。改变他人很难，改变自己相对容易。当我们开启了心智，让自己能够用尽可能准确的方式思考、观察、记录、总结、分享和行动，自己的时间就会呈现不同的质量，我们的整个生活都会焕然一新。

　　要学会做好详细的规划，按照优先级依次处理。我会在每个月的月末把自己近期工作的所有项目列一个表，规划好下一个月的待办清单。这样就能一目了然，细化到每周、每天到底都需要做哪些工作。然后工作按照优先级排好顺序，比如统计每日的催眠个案、写书、制作视频号、完成公众号文章、撰写催眠复盘。列好计划后，就需要明确每一项的所用时间，定好时间节点。具体操作如下：

　　①每天晚上列出明天的任务清单，上面的待办事项均来自于本周的任务清单；

　　②当我们完成了任务清单上的内容，日程就结束了，绝对不要给自己添加额外的任务；

　　③当一周结束时，总结复盘。检查是否都已经打勾并完成；

　　④根据自己的实际情况，合理调整节奏，制订下一周的任务清单。

　　时间管理最关键的核心点是：在确定了问题的优先顺序后，每次只专注处理一个问题。我写文章或帮个案做催眠时，手机是静音状态。

时间只与努力的人做朋友

我被问到最多的问题是："洋洋,你的时间管理做得真好,你是如何来管理自己的时间的?"

说实话,我是一个以结果为导向工作和生活的人。目标很明确,每个时间段都会规划和安排一件最重要的事,忽略其他次重要的事,全力以赴得到结果。

最近一直在上课,带给我很多觉察和思考,人生是一场马拉松,不是看短时间内的成就,而是把它拉大拉长拉宽后,它需要去到的那个高度,和它能够影响的人数。人生不是一个人的旅程,而是一群人的华尔兹。

我有位好朋友,她是一个很成功的女企业家。她有一句话让我印象深刻:"我们不是先做什么,再做什么。我们应该思考,我们可以同时做什么?"这句话让我茅塞顿开,在我事业的高速发展期,我不想怂,只想开足马力向前冲。但在照顾养育孩子的过程中,我不想缺失,我想尽可能多地陪伴他们。怎样管理时间?成为了一个最重要的问题。

通过多年的实践和多项课程的学习,我想分享三个要点给大家。

（1）要事第一，抓大放小

人生有多个维度需要提升，我们首先要思考，现阶段你认为最重要的三个维度是什么？并将它们排出顺序。以我为例，第一是家庭；第二是事业；第三是健康。想好这三个最重要的维度就会开朗很多，之后遇到冲突，就可以以这个为参照物，合理并高效地去处理冲突。

举个例子，比如学校要开家长会，而我刚好晚上有个工作晚宴。我会在头脑中迅速调出我的排序，家庭大于事业，我无论如何要去参加家长会。至于是否来得及去参加晚宴，去创造机会，当你足够想做好一件事，一定可以实现双赢。

昨天清洁阿姨来我们家帮忙打扫卫生，足足在厨房里清洁了三小时。当看到厨房里的抽油烟机焕然一新、每个角落都一尘不染时，那一刻我觉得好喜悦，一个家最有温度的地方是厨房，它是表达爱的"战场"。一个特别不爱做家务的人看到成果后是很有感触的，我女儿和儿子都特别喜欢吃我做的饭，他们会觉得比餐厅的饭好吃100倍，这可能是他们最渴望感知到的"妈妈的味道"，这比外食要更有温度和情感。

我给自己订了一个家庭目标，每周至少给家人做两次卓越的晚餐，标准4菜1汤。每周带他们去公园跑步1次，每个月安排一次三天两晚的家庭旅行。

（2）简化生活，提高效率

给大家介绍一个好方法，用一个小本子记录时间，记录一下自己每天都在干什么？长期记录下来，你会发现有很多浪费掉的时间。

上次在闺蜜办公室录视频，她觉得我换衣服和搭配衣服的速度极其卓越。我自己是没有意识到的，因为我做决定从来不犹豫，非常快。前提是你清晰自己的目标。

估算时间非常重要，我们需要明白完成一个任务实际花费的时间总会超过计划花费的时间。任何领域的卓越成就都必须用一生的努力才能取得。

《异类》这本书中有一个10000小时定律，想要出类拔萃，就要努力至少10000小时。

我们要和时间成为朋友，生活和工作都没有捷径。我们要想尽一切办法真正了解自己、了解时间，精确感知时间，想尽一切办法让自己和自己的行为与时间"合拍"。

（3）优化方案，利用资源

我们要借助一切可以利用的人脉和资源，来帮我们实现目标。一个人的力量太有限，专心做可以提升自己和孩子能力的事情。比如我会思考哪些部分是别人不能替代我去做的事情。在孩子的价值观塑造、阅读和运动习惯的培养、时间管理的建立等方面我必须亲力亲为，其他接送、辅导作业等方面我可以让其他人来帮助我完成。

每个人都有一个"愿望中的自己"，同时还有一个"感觉中的自己"。我们都期待呈现的面貌是：愿望中的自己 = 真实的自己 = 感觉中的自己。

时间不够用，但也一定不能在三个方面放水。

①不要盲目减少自己的睡眠时间。只有精力充沛才能去应对生活的挑战，如果能将作息时间调整到早睡早起，我们会发现自己的人生从此不一样了。以我为例，我的高效学习时间是早起后的两小时，它是我输入和输出最重要的两小时。大家可以找到自己的高效学习

时间，用来处理最重要的工作，那么大家就能事半功倍。

②不要减少与家人交流的时间。对很多人来说，家庭都是最重要的。我建议大家随身携带一个小本子，记录每次与家庭成员通话的日期和时间。特别是那些不经常联系的人。过年过节，长辈们期待的仅仅是我们的一个电话，一个祝福，一句最短的话："我爱你。"

③不要放弃与朋友的社交时间。我们需要建立社会支持体系。我们要主动去帮助别人，让爱流动起来。我在最近的课程中还有一大收获，是要放掉自己的自以为是，我们常常觉得优秀的人不需要帮助，但我们会发现优秀的人往往需要获得更多的帮助。要想提高自己的社交质量，最重要的是把时间和精力放在"让自己更优秀"这件事情上。

人生就是一场马拉松，胜者不一定是跑得最快的。时间只与那些努力的人做朋友，我们一起加油，把每一天的平凡日子铸造成精彩的人生！

懂得取舍的人，才能走得更远

每个人的成长过程中都有两大难题：第一是塑造自己；第二是应对世界。

大家会在下班后做什么？打游戏？刷剧？……要知道选择读书和娱乐的人是完全不一样的成长速度。一个人从什么时候开始系统管理自己的时间，他的人生才真正开始通往卓越。六点心得想与大家分享。

（1）提高时间的单价

有次上课，老师说："你对自己的期盼是什么？你是想成为一个大众品牌？还是细分领域中的爱马仕？"我是一个很有野心的人，从小就不甘平庸。我对自己的期待特别高，所以我才这么努力。老师现在的咨询费很贵，他说了一句话："对自己的期待不够高，价位是上不去的。"

（2）用时间换空间

我们不断地认识新的朋友，学习新的知识和技能，去新的地方旅行，这些都拓展了我们活动的空间。我们不断成长，心胸会变得越来越宽广，在我们的内心世界里，时间就换来了空间。我们会渐渐习惯向内探索，不受外界的干扰。

（3）花钱买别人的时间

我们的时间都很宝贵，时间就是生命，我很惜命。接近40岁的我，除了更了解自己要什么，也更清晰自己不要什么。我会拒绝一些无效社交，多花时间在陪伴孩子的成长上。我很愿意给厉害的人付钱，通过一对一咨询，会大大节省我的时间和精力，有效避坑，高速前进。

（4）全力拼第一

只要我们成为第一，那么排在我们后面的所有人都在为我们背书，整个平台都在为我们背书。我们对外连接的质量会高很多，我们也更有底气去服务更高势能的客户。我们通过努力体现出来的气场会帮助我们吸引更多同频且优质的客户，彼此赋能、彼此成就。

（5）知行合一、说到做到

老师曾在课上问我们："你最值钱的东西是什么？"我想起闺蜜邀约我帮她一同出书的事儿，她准备出一本《女朋友》，由三个女孩一同完成，她希望我来负责"看世界"这一部分。她觉得从我这里能打开一个全新的世界，从我这里能看到力量和丰富。

这让我想到在广州晨跑时，私教同学看到我晒在群里的美图，直接说："你把广州拍成了北美的调调，哈哈哈……你是一个看过世界的人，所以你的视角和普通人是不一样的。"她们都认为我最大的闪光点是美学和品味。这是厚积薄发的必然，多项美学课程的学习经历造就了今天不一样的我，我们走过的每一步都不会白走，每一步都算数。

（6）走难一点的路，长远收获更大

我最近看到一个小故事，讲的是生活在小山村的人，每天都要到几公里外的井里去排队打水，每次只能提两桶，每隔两天就要去提一次水。第一类人会每天去打水，觉得一次提两桶太辛苦了，就每天提一桶水回家；第二类人每天勤奋地提水，还组成了专门的队伍排队打水，把井水以几倍的价格卖给没有时间提水的人。这类人用体力换小钱；第三类人想办法筹集资本铺设管道，将水消毒后引入千家万户，从此方便了大家的用水。这类人用智力换大钱。

这个故事带给你什么启发呢？它让我陷入了久久的沉思，这就是三类人不同的人生。选择不同，命运就截然不同。思维方式决定了我们解决问题的战术和打法。选择难一点的那条路，收益往往更大！

我们对待生活永远拥有选择的权利，人的意志是自由的，我们容易受限于机会成本。我们不要去做分配财富的事情，我们要去做创造财富的事情。

效率从哪儿来

曾经和一个华为的高管聊天，她觉得在这个快节奏的时代，我们每天的工作量已经达到难以负荷的程度。我们不得不强迫自己压缩休息和娱乐的时间。我在三个月内要写完一本书，同时要工作、带娃、参加演讲、健身、阅读、游历世界……时间有限，事情这么多，效率从哪儿来？

在很多朋友眼中，我是一个充满斗志的女战士。每天都像打了鸡血一样，总能很高效地完成他们认为的特别不可思议的事情。"我每天做一件事就已经精疲力尽了，你怎么可以做那么多事情？"

我的一个催眠个案帮我回答了这个问题。"我觉得自从我开始进行阶段性催眠治疗后，思维变得更加敏锐了。潜力被无限放大，仿佛变了一个人，自信了好多……"在这里，我想分享八个提升效率的小技巧。

（1）克服拖延症

首先在每周最后一天，列出下周要完成的工作；其次把大目标拆分为小目标，分解自己不喜欢做的任务；最后给每个任务设立时间节点。如果没有一个清晰的组织计划，任务很容易被永远搁置下去。

（2）短跑理论

专注完成时间表上的任务非常重要。第一，如果你有用闹钟的习惯，只要强迫自己清醒并保持10分钟，就会进入清醒状态；第二，坚持一个行为习惯30天，之后这个习惯就成为你的生活方式之一。比如我开始晨跑30天之后，就很快坚持到100天、200天……第三，我们会碰到创作阻碍，比如我每日写作，我会逼自己再坚持创作20分钟，然后再休息。

（3）加强自律

优秀的人不一定自律，但自律的人通常都很优秀。以健身为例，但凡通过自律，形成了肌肉记忆，一天不去健身房都会特别难受。想放弃前，再坚持多做10%，意志力就得以延伸。

（4）做出公开承诺

当我们在计划某件大事时，可以把它告诉我们的老板、同事或朋友。由此产生的压力会让我们保持动力。

（5）做事有条理

条理性是可以后天习得的。当我们的头脑里有一个设计精良的组织系统，我们就能花很少的力气把一切经营得井井有条。

（6）把目标视为一份契约

目标不能停留在脑海里，一定要写下来。第一，能够把目标当承诺去兑现；第二，能够让我们更有动力去完成；第三，可以让我们把一些模糊的想法变成具体可实现的目标。

（7）把握好早晨时光

一日之计在于晨，当我们有效地利用好早起的时光，将为我们开启完全不同的元气满满的一天。以我自己为例，早起后的黄金两小时我用来写作，之后出门晨跑一小时，重新唤醒大脑。之后投入工作就特别有能量。早晨，是我们一天中增加活力的时刻，一定要把握好！

（8）改变你的精神饮食

心理健康是保持体能的重要因素之一。用阅读替代刷剧和打游戏、报名一个舞蹈班，可收获意外的脑力训练。做好能量管理，每周回顾自己的计划是否按时间节点向前推进。

根据二八定律，20%的人掌握了80%的财富。李开复老师讲过一段话，我很认同："人的一生两个最大的财富是：你的才华和你的时间。如果一天天过去，我们的时间少了，而才华没有增加，那就虚度了时光。所以，我们必须节省时间，有效地使用时间。"

学会这八个提升效率的小技巧，我们就能更好地利用时间，提升工作和生活的效率。

卓越的人都是极度珍惜时间的人

不是我们的能力，决定了我们的命运；而是我们的决定，改变了我们的命运。

想，都是问题！

做，才是答案！

100%的时间创造了100%的可能性。

不以计划为起点，认识清楚自己的时间用在什么地方才是起点。第一，记录自己的时间；第二，通过复盘去管理自己的时间；第三，统一安排好时间。

时间是一项限制因素，是一项稀有资源。卓越的人都是极度珍惜时间的人。"你是一个难约的人吗？"年龄越大，对于社交越谨慎，更知道自己不要什么。学会说"不"也是争取时间的好方法。

做有系统的时间管理。首先将非生产性的和浪费时间的活动找出来，从时间表上排除出去。

注重贡献，懂得将自己的工作与长远目标结合起来。我突然想到看过的一段视频，马云说："我们不仅要告诉别人我们做到了什么，还要告诉他们我们准备做什么。"这可以帮助我们吸引和聚集到一群高能量的人一起干。

对贡献的承诺，就是对有效性的承诺。每个人都可以随外部的要求调整自己。世界变化太快，我们不能停留在当前的视野、优势和成就上。我们要不断地跳出自己的舒适区，让自己飞速成长。

有效的人际关系也是通往卓越的时间管理者所必备的条件。注重互相沟通和团队合作，私教老师说过："创始人的想法和愿景要让整个团队的人都接收到。"这一点非常重要，战略自信是有效提高工作绩效的关键。

承诺目标。如果想要实现目标，我们就要对结果目标有明确的承诺。有效承诺，管理才能够真正具有有效性。

个人能否有所发展，在很大程度上要看自己是否重视贡献。我们要经常问自己："我们能为这个团队作出什么样的贡献？"我们从中就能觉察自己还需要学习哪些知识和技能，才好迅速补足短板并发挥自己的长板。

只有让平凡人都能做出不平凡的事的组织，才是好的组织。我们所能评估的，只有绩效。一个人的绩效如何，取决于我们做出的具体成绩。一切用结果说话。

在一段时间内只集中努力做好一件事情。集中自己和团队的时间和精力，坚持把重要的事情放在前面做，而且每次只做好一件事情。就拿我们团队为例，我们目前只做好夏令营这一件事情，"帮助孩子们成为内心强大的学霸"。

文案、海报、课程大纲、物料准备……每日推进。开发产品是我特别有热情的事情，每天都很亢奋地高强度工作着，我们团队坚信：只要我们的产品做到超价值交付，一定能够首战必胜！

DG成长圈经得起时间的考验，我们坚持走卓越路线和长期不断进行。我们要向湖畔大学一样，成为教育行业中的标杆。我们要用自己的热情和愿景去影响一群铁杆用户，和我们一起创造并见证DG成长圈从一棵小树苗长成参天大树！

高效能人士的10条黄金法则

作为妈妈，我们要平衡事业和家庭真的不容易，但学会以下10条高效能人士的黄金法则，我们将有机会成为孩子们的榜样妈妈。

（1）转换思维

一个人的思维方式决定了他的态度和行为。在既定的节奏和循环中，去进行思维转换，提升自我进化的能力。比如孩子们写功课写到一半累了，想要休息五分钟后再写。这是很合理的需求，我们当然可以同意，他们休息是为了调整状态，重新高效地投入到学习中。

我曾经帮一位青春期的个案做心理疏导，她想休息五分钟，但她妈妈只允许她休息两分钟。两人争到脸红耳赤，互不让步，大大地破坏了两人的亲子关系。转换思维，从女儿的需求出发，才能创造和谐的关系。

（2）积极主动

我们一旦选择负责任，就拥有了选择的主动权。我们对待一切事情的态度，孩子们都看在眼里。记得我在读书营拿到第一名，收到了运营团队寄来的礼物是一大箱零食，两个孩子特别开心。我们一边吃零食，我一边给他们分享自己的学习心得。

"任何学习都是需要全情投入的。越参与越收获,妈妈平时个案比较多,为了能出色地完成读书打卡任务,我常常需要半夜起来写文章。但正是因为我积极主动的态度才最终拿到了好结果。态度决定一切,事情不分大小,把每一件小事做好,自然能成就大事。"

(3)以终为始

要以原则为中心,去看待我们与这个世界的思维定势。什么是人生最终极的自由?我们做为人,永远都有选择的权利。有一次我们家来了一位快递小哥,他冒着暴雨为我们送来了包裹。

女儿主动上前感谢快递小哥,觉得他特别不容易。我对两个孩子说:"劳动没有高低贵贱之分,只有价值大小之别。现在快递小哥是在用他的体力养活自己,他只要不放弃学习和进步,就可以通过知识改变自己的命运,让自己拥有更多的选择权。"

(4)要事第一

把最重要的事情放在第一位,先做最重要的事。多关注重要不紧急的事,打破自己的惯性。我们不可能同时做很多事,只有专注,才能在事情上取得成功。在特定时间内,只做一件最重要的事,做完再换下一件。

(5)双赢思维

当我们焦点向内时是没有能量的,会严重影响自己和他人的关系。只有焦点向外,更多地考虑他人的需求,才能实现共赢。兼顾好事业和家庭就是在创造双赢思维。特别是作为一个女性创业者,根本没办法像男性创业者一样拼命奔跑,我们还得左右手各拖着一个娃，像超人一样100%地努力。

（6）知彼解己

我们要清楚我们对手的位置，把精力放在影响圈，而不是关注圈。它们的根本分界线是我们的态度。我们是选择抱怨呢，还是努力去改变它？我们当然选后者，知彼解己，通过努力去改变自己的命运。

（7）统合综效

每个人在做一件事情时，都面临两次创造。一次是头脑，一次是实际生活中。我们只要做好合理安排，可以同时做好几件事情。

统合综效是时间管理上的一个最有用的工具之一，比如女儿做早餐，她会在烤面包的同时去煎鸡蛋和切水果。

（8）自我更新

人的一生，就是不断活出自我的过程。通过终生学习去不断地自我更新。我们要知道自己所去的方向，在身体层面注意全家人的健康饮食，督促大家定期锻炼，让家人在耐力、韧性、力量上都得到提升。

（9）情感账户

梳理自己的关键人脉，多关心身边的人，主动连接，表达真诚和友好，让对方知道我们心里有他。作为妈妈，常常会有不得不去做的事情。但我们可以改变自己的态度，变为"我选择"，我们就拥有了让自己幸福的能力。

(10)知行合一

撰写个人使命宣言,还有家庭的使命宣言。我们承诺创造有爱、温暖的家庭氛围。当家庭和睦,我们才能在事业上乘风破浪。只有真正做到知行合一的人,才能砥砺前行。不要给自己设限,增强心灵上的自我激励力量,不断地自我进化,做一个高效能的妈妈。

第五章

做一个每天情绪稳定的好妈妈

> 控制情绪是一个妈妈最大的智慧，为了让孩子们沐浴在爱和自由的教育氛围下，好妈妈们就一定能掌控自己的情绪，做自己情绪的主人。

不与自己对抗，我们才能变得更强大

"我是我自己的桨，自己的风帆。手中紧握，我要我属于我……"

与两个小娃窝在沙发上看新一期的《乘风破浪的姐姐》，晚上还做了牛排，喝了两杯红酒，这样的周末真好，就像广告里说的："无惧年龄做生活的高级玩家。"

我特别喜欢宁静，她在节目中不断地挑战自己，我喜欢她身上的严谨，喜欢她100%负责任的态度。为了做到最好，仿佛永远不会累，永远为自己灿烂。

妈妈们经常会问我："洋洋，要如何管理好自己的情绪啊？好像负面情绪一来，什么事情都做不了了。"

在这里，我想分享几点自己的心得体会。

（1）学会静观

接纳和面对负面情绪，我们不可能只有正面情绪。当我们在工作和生活中遭遇困难、失败、犯错时，常常会感到受威胁，让我们去触发大脑中的防御系统——打、逃、僵。

"打"的具体表现是批评和苛责自己；"逃"的具体表现是隐藏自己；"僵"的具体表现是反复思考自己有多糟糕。不与自己对抗，我们才能变得更强大。

（2）表达善意、关怀和温暖

作为一名催眠师，我见证了无数生命的过往，我尊重每一个个体的生命感受。由于各种人际关系引发的矛盾与冲突给他们带来了很多的负面情绪。比如对另一半的失望，对孩子的焦虑，对父母的抱怨，对领导、同事或朋友的不满……在这个世界上，每天都有一些人因为情绪失控滥用暴力。

（3）好情绪决定了幸福的关系

我们身边越来越多抑郁、焦虑、自杀等案例。最近看到一个数据很震惊，导致中国15～35岁群体死亡的第一原因不是疾病，不是意外，而是自杀。我心底的使命感让我大声疾呼："我们最需要关注的不是成功和面子，而是当我们在遭遇不如意时，学会转化和调整，让自己回复到稳定的情绪。"

（4）情绪的创伤可以修复

我们常常能在别人的生命故事中照见自己，课程中的我被"伤"得很痛，照见了自己的旧模式，照见了那个自以为是、骄傲自大的自己，照见了我的自私和自卑。但转变就在一念之间，只要愿意改变，这些负面情绪就可以变成托举我们向上的能量，让我们的生命更厚重。

（5）和情绪做朋友

当我们能打开自己的心，与负面情绪做朋友时，我们不仅能深刻地觉察自己，还能更深刻地洞察人性。当我们真切地体会到这个世界上的所有人都需要被爱、被理解、被尊重时，我们的智慧就会生起。

（6）学会给予

《道德经》中说过："天之道，利而无害。"当我是索取者的角色时，我是没有能量的。但当我转化成一个给予者时，仿佛被圣灵充满，感动到无以复加。我开始懂得：我们在给予的过程中收获。

（7）SSA自我关怀法则

第一步：S指的是软化，我们把手放在身体不舒服的部位，让它变得柔软；第二步：S指的是安抚，像对待宝宝一样安抚受伤的灵魂，先接纳，再抚慰；第三步：A指的是允许，一定不要对抗和评论，让一切自然地发生和流淌。这是自我关怀最重要的学习。

（8）55-38-7定律

我们常常会被孩子们的一些举动激怒，比如刚整理好的房间瞬间又铺了一堆玩具，我们会呈现自动化的过程，大吼："怎么回事啊？刚收拾完又乱了。"我们与孩子间的沟通是否有效，取决于孩子的接收。55是我们说话时伴随的身体语言，如果我们的态度是温和的，孩子们很快可以捕捉到。38是说话的口吻和口气，7才是说话的内容。

忙是心的死亡，人活一辈子，大多是为"幸福"二字而忙碌着。生活是否幸福，不仅仅在于拥有了什么，更重要的是感受了什么。情绪决定命运，一起创造宁静和丰盛的生命吧。

从错误中学习，成为更好的妈妈

《穷查理年鉴》中有句话很经典："世界上有三件事最难：炼钢、采钻、自知。"

当我们父母大吼大叫时，往往是不自知的，身体和意识失去了控制，充满了怒气和挫败感。孩子们感受到的是爸爸妈妈不爱我了，会切断和我们的联系，他们心中的门会一扇扇关闭起来。

我想结合辅导催眠个案的过程，谈谈我的一些体会和建议。

（1）吼叫会影响孩子对自我和世界的感知

我们要减少并停止对孩子大吼大叫的行为，我们只有更好地了解自己，以及了解吼叫背后的原因，同时原谅自己曾经犯过的错误，才能构建一个和谐的家庭氛围。

（2）与孩子们聊聊感恩的价值

在吼叫的同时，我们丢失了与孩子本该有的亲密关系。我们原本可以用尊重、爱和连接去度过自己的每一天，因为吼叫我们付出了特别多的代价。我们要学会感恩，孩子教会我们用积极的生活态度去面对生活的馈赠。

（3）学会觉察孩子的情绪

气质是一个人天生的对人对事的反应方式。观察孩子们对于吼叫的反应，也许是毫不在意，也许是非常害怕，也许是开始特别黏妈妈……学会观察可以让我们更了解孩子，懂得用同理心和他们进行交流。

（4）对孩子的行为做出理性回应

不要过度否定自己，我也曾经一度怀疑自己，在压力很大时常常对孩子们发脾气，完全控制不住，事后又特别后悔。不苛责自己很重要，我现在比较能管理好自己的情绪，学会对孩子们的行为做出理性的回应，而不是本能的反应。

（5）诚实地面对自己

改变思维方式，就能改变自己的感受。心理学上有一种疗法叫"认知行为疗法"，它会帮助我们更加了解思维和情绪怎样影响了自己的行为。我们可以想象一个画面，当我们不再随便对孩子吼叫时，我们会有怎样的感觉？

（6）加强自我认知

当我们能接受孩子和我们顶嘴，抱持一些不同的意见时，我们的容忍度增加的同时，自我认知也在加深。我们在教养孩子时会更宽容更理智。

（7）有效避免情绪爆发

疲劳、压力、孩子的淘气都会让我们打破淡定。我们首先要调整好自己的状态，要接受"孩子不一定要听我的"的事实。我们一定要有充足的睡眠。我有一个催眠个案刚生完宝宝不久，由于常常要半夜起来哺乳，所以睡眠严重不足，再加上产后抑郁，整个人常常呈现出注意力不集中、烦躁、恍惚、敏感多虑的状态。

（8）要好好爱自己

我的个案中有很多是妈妈，她们为家庭操碎了心，在催眠状态下我听到的最痛心的一句话是："我爱家里的所有人，唯独没有好好爱自己。"我们都需要自己的独处时间，也许是读一本书、听一首歌、看一个展览、追一部剧……做任何让我们欢心愉悦的小事，都能让我们耗光能量的身体瞬间充满电。

从错误中学习，有了想要改变的意愿，就已经是我们能送给自己和家人最好的礼物了。要做好父母，真的太难了！没有什么事情比努力想做个更好的父母更能感动人心的了。孩子优秀的前提是父母必须优秀，在成为更好父母的路上，我们一起加油！

做自己情绪的主人

一块石头就能改变河流的方向。我认为生命的意义是能够为这个世界留下一份美好。

（1）自省精神

我在几年前就清晰地知晓自己应当坚持的四件事：价值观塑造、时间管理、阅读习惯和运动习惯。孩子亦然。

自省是一种态度，让人谦卑。我现在会带着孩子们去做的一个动作是复盘，我会把每日做的主要事件进行回顾，去体验当下以及可以让自己更好的点。

（2）接纳焦虑

焦虑的背后是恐惧，是我们对还没有发生的事情的负面想象。当时在学习心理学时，我了解到每个人身体里面都有压力荷尔蒙皮质醇。当我们去接纳焦虑等负面情绪时，这些负能量会反向激励我们。

（3）培养专注

幸福取决于如何分配自己的专注力，你的关注点在哪里，你的生活就在哪里。我有幸在加拿大研习了日本里千家茶道和池坊花道。在我的理解中，专注力是一项最值得投资的技能。

我们常常会抱怨孩子不爱看书，喜欢打游戏。当一个孩子做他认为特别开心的事情时，会进入心流状态。我们不要轻易去破坏孩子们的专注力，让他们愉快地做他们自己想做的事情。

（4）减量加次

在过去的10年，我每年的阅读量都在150本书以上。但选择太过宽泛，没有聚焦，没有把书真正地读透。这一年我刻意减少了自己的阅读量，但精选书籍至少读两遍，配合输出，我惊喜地发现效果翻了10倍。

所以不能光求速度和数量，要把一本书彻底吃透，比如一本书读50遍以上，自然就能彻底理解这本书的内容，并把它转化为自己的能量。

（5）珍惜当下

对生活有热爱，对审美有热情，才有动力把每一天过好。我是一个真正把每一天当最后一天过的人。

不留念过去，不畏惧将来。好好地去体会和感受自己的生活和工作，带着愿景去创造，宇宙的能量都会被你吸引来。

（6）改变世界

乔布斯说过："只有疯狂到相信自己能够改变世界的人，才能真正改变这个世界。"乐于分享和极致利他为我的内心注入了价值、动力和希望。

我们现在在经营的 DG 成长圈，我们也不清楚它最终会走多远？但就如马云的湖畔大学，我们带着使命感去创造的感觉太棒了。

（7）影响生命

教育的本质是改变，帮助孩子成长，是父母一生的修行。而最好的教育，就是家长的自我成长，是一个生命去影响另一个生命。

当我们的服务是利他的，是为他人创造价值时 我们的快乐就会很高级。

（8）减缓压力

皮质醇如果一多，就会因为压力太大而迅速衰老。教给大家一个好方法：通过冥想去识别到底发生了什么。

冥想是一个特别好用的方法，我当年在加拿大学习催眠时，刻意练习了冥想，它极度缓解了我的压力。

（9）探索未知

带着好奇去探索生命中的每一个未知。这种对于生活的态度，也是我认为我可以给我的两个孩子的最好礼物。

冒险和勇敢是一个人在面对选择时，是否愿意跳出舒适圈的态度。让自己不舒服，才是成长最快的方式。

（10）享受成长

我们都很幸运，没有被年龄消磨掉生命的热力和审美的热情。最后我想送大家 12 个字："永远兴致勃勃，永远热泪盈眶！"

控制情绪是一个妈妈最大的智慧，当我们的出发点是为了让我们的孩子沐浴在爱和自由的教育氛围下，我们就一定能掌控自己的情绪，做自己情绪的主人。

学会掌控情绪的开关

五大情商核心能力,包括"情绪管理力、个性塑造力、态度养成力、影响力和个人魅力"。特别是情绪管理力,对妈妈来说尤为重要。

(1)学会倾述

一个人最好的修养是可以控制好自己的情绪,始终温和待人。当自己情绪不好时,找能帮上忙的闺蜜倾述是一个不错的主意。可以及时释放心底的怨气,迅速调整状态,我们一生的运气都藏在"情绪稳定"四个字里。

(2)保持专注

宅家可以很好地修炼内功,把心沉下来,通过读书学习,持续精进写作。此时正是"修行"时,做出有效且帮助自己成长的选择。如果你想要留住别人的注意力,首先得学会如何在对方脑中植入一个无法拒绝你的"开关"!

(3)特权瞬间

我们最先展示的东西,改变了孩子们对接下来展示东西的体验。第一,要将孩子们的注意力吸引到我们希望他们关注的地方;第二,要让孩子们始终保持关注。让孩子感觉舒服才能获得合作的机会，我们在工作和生活中都需要控制情绪。

（4）创造能量

情绪可以给我们带来能量，也可以消耗我们的能量。好的情绪是我们心灵保持健康，富有力量的来源。面对选择时，我们的选择结果很大程度上取决于在做出选择之前的那个瞬间，是什么吸引了我们的注意力。任何时候，我们都不应该做自己情绪的奴隶，不应该使一切行动都受制于自己的情绪，而应该反过来控制情绪。

（5）制造焦点

第一，利用文字和图像做出暗示；第二，要依靠情境潜移默化地产生影响。美国心理学家费斯汀格有一个著名法则："生活中的10%是由发生在我们身上的事情组成，而另外的90%则是由我们对所发生的事情如何反应所决定。"

（6）思维定势

创造一个与说服目标相一致的思维定势。内在情绪会影响我们对因果关系的判断。我们常常被情绪左右人生，父母的过度情绪化会让孩子们特别不舒服。人的思维可以简单分为感性思维和理性思维。我们常常让自己的感性思维控制着理性思维，而真正厉害的人能够把影响大局的情绪放在一边。

（7）积极的心态

培养积极的心态，《精英律师》里面有句话很打动人："生活不是我们活过的日子，而是我们记住的日子，我们为了讲述而在记忆中重现的日子。"情绪是多种感觉、思想和行为综合产生的状态，它的底层逻辑是内心需求是否得到满足。

（8）懂得校验

先学会预说服，才能打开说服别人的"开关"。校验存在的东西容易，校验缺失的东西困难。我们对情绪的认知是非常少的，因为我们在成长过程中总是委屈自己，告诉自己不要有情绪。催眠这个工具就是帮助我们及时调节情绪，接纳情绪。适当的压力能让我们更积极地面对挑战。

（9）正向检验

在心理学中有一个术语叫"正向检验策略"。为判断一种可能性是否成立，我们会关注对方说中的地方，而不是说漏的地方。如同我们看星座运势或请大师算命，这十分符合人性。人最大的问题，就是想得太多，做得太少。

（10）正向能量

如果你内在的情绪是积极的，就会激活自己正向的能量，甚至你自己就可以创造理想的精神状态。思维方式，决定了我们的精神状态。我们活在对自己情绪的感受中，而我们的思维总是不断变化，思维产生感受，感受产生情绪，情绪决定着我们的精神状态。我们可以通过运动来增加思维的活跃性。运动可以让我们心情愉悦，活跃的思维能够帮助我们站在积极的角度看待问题。

想要做一个情绪稳定的妈妈,十大宝典帮助我们修炼定力!在疫情时期,我们要沉住气,不能慌,保持淡定。冬天一定会熬过去,强者会收获整个春天。

焦虑的后疫情时代，你准备好了吗

朋友们说我有一个优点，我自己是不自知的。他们一次又一次地提醒我，才让我豁然开朗。过去的时光，我都没有虚度，我一直在不断地投资自己，让自己变得很值钱，我的睿智、我的见识、我的洞察、我的审美力、我的不同……是一次又一次读书、旅行、看展、见人、学习的累积。量变引起质变，我逐渐成为了越来越好的自己。

我也想过放弃，想过和自己的负面情绪说"不"，想过阻断一切我不喜欢的关系。"祝你幸福！"是我觉得最轻松的告别方式，但我没想到对方的回复居然是："没有你，我不会幸福！"原来我真的变好了，别人才会舍不得离开。

那一刻，我是感动的，也是幸福的。以前的我，觉得自己很拼，很用力。当所有人都对我竖起大拇指："你就是冠军，你就是最棒的。"我就卯足了劲继续往前冲，我不知疲倦，感觉打满了鸡血。但还是要一个人吃饭、一个人旅行，还要装作很开心、很幸福。

原来，我才是那个带着面具的人，我对自己不诚实。我依然用自己的旧模式在生活，我以为对方会拒绝，结果对方是100%在意你的。改变就在一念之间，生活和关系是可以自己去创造的！只要你100%投入，并承诺100%负责任。我们不是为自己的面子而活，我

们是为那个真实的自我而活，我们是为创造这个世界的美好而活。

今年出书的计划早已确定，但由于自己对这个计划的不严谨，总是随心所欲且没有压力地去输出文章，并没有按节点来严格要求自己。我主动向编辑提出"双十一"计划，意味着7月底之前必须完成所有文章的输出。我只有一个月时间，豁出去了、全力以赴！

在焦虑的后疫情时代，要如何正确地投资自己呢？我想结合我之前踩过的坑和自己的思考，分享以下几点：

（1）用上帝的视角来掌控你的人生

所谓的市场经济，就是进化经济。种群随时间而演变，前几天看《物种起源》，了解了达尔文的进化论——"变异＋选择＝进化"。

最让我感动的是四个字:"适者生存"。只有适应性强的生物才能活下来,进化论的本质是个体之间相互作用的规则。

(2)优化自己的商业模式

物以类聚、人以群分。社群是这个时代的产物,也是最大的商机。大家是带着信任的属性来的,一群人才能走得更远。商业模式是必须由几大模块组成的,在梳理思路的同时,将它们变成组合拳,打开思路、眼界、心法、脑洞,把眼光放大、格局放大,没有解决不了的事情。

(3)思想永远不会消失

只要是产品,都会过时的,永远会有更好的去替代它;但人群不会消失,思想才会永远流传下来。只有在思想上接受了,行为上才会发生改变。我曾经想过,我能为这个世界留下些什么?我的答案是——思想和爱。我过往的36年里有开心、有痛苦、有羞愧、有成长、有愤怒、有感恩⋯⋯这都是生命给予我的养分,让我可以更加积极、有态度地去开始新的探索和挑战,把每一天都当成生命中的最后一天去度过。使命感让我的生命更有意义。

(4)与源头连接

我现在会问自己:"什么是自己今天最重要的事?"这件事本身就是目的,它连接了我的本体和小我,让自己有机会活出那个大我。这个世界只有一个源头,找到一条有心的路就是临在当下。我想起之前研习日本里千家的茶道,在极为寂静时,我们可以听见水壶的"吱吱"声,可以听见窗外的鸟叫声,这种寂静与心底的声音同频共振,喜悦在心底荡漾开来。

（5）做事情的态度是最打动人的

李善友教授说："禅和美都是源头的特征，也都是通往源头的路。"我们人生的意义就是不断投资自己，让自己有机会去"创造"灵魂级的作品，实现自己人生的自我救赎和超越。工作本身就是一种修行。我现在是每天工作18小时的硬核女创业者，我不觉得累，反而特别享受。因为我很清楚自己的初心是为了活出我的使命感，去帮助更多的青少年找到他们人生的方向，去帮助他们找到自己的内驱力。而不是靠工作的成就来证明自己有多牛，我更关注的是有多少人的生命，因为我和我的团队而变得更好。

这个时代是最好的时代，它给予年轻人很多的机会，只要自己足够努力和专注，一定可以创造一个属于自己的美丽新世界。未来的路，要靠自己一步一个脚印地走出来！

做一个情绪稳定的妈妈

今天听到一个笑话:"生活的真相是除了容易长胖,其他的都挺难!"

我们都会碰到让自己崩溃的时刻,那些让我们惶惶不安的事情,到最后,都必须由自己去面对和解决。逃避是没有用的,我们费了很大的力气才说服自己,以为向生活低个头、服个软,生活就能对我们好一点点。渐渐步入中年,成年人的世界里从来都没有容易二字。做一个情绪稳定的好妈妈非常重要,它关系着一个家庭的氛围和孩子的成长。

(1)坚定地做你自己

成长最紧要的任务是学会给自己松绑,而不是强行给自己加戏。这个世界上,所有东西都是有节律的。所谓节律,就是节点和规律。我们要善于找到事物的节点和规律。我每天运动一小时,风雨无阻。

我把写文章安排在早起后的黄金两小时,在坚持努力的过程中,很多时候会有连自己都意想不到的事情出现。

高超的学习力是靠积累增强的。通过日复一日的不断习得、积累、研究、打磨、升级那些大脑里已有的概念和方法论,让我收获了知识,感受了心性的成长。

我把在书本中学到的理论知识践行在我的工作中，不断打造自己的成功案例。持续在朋友圈和公众平台上输出自己的成功案例和客户见证。

（2）勇敢地面对现实

我们是很容易被"反向塑造"的，我们和什么样的人打交道，我们就会反过来被他塑造。靠近卓越的人，他们能带给我们滋养，在成为更好的自己的路上，会更加清晰自己的方向和路径。

在今天这个时代，知识变现是主旋律。比如出书、课程、训练营等属于自己的知识产品，通过知识变现，能丰富我们的收入。

只有拥有别人无法替代的核心竞争力，只有拥有正确的财富思维，深度开发自己的潜力，付出不亚于任何人的努力，财富才会靠近你。

我们聚集了一群有能量的小伙伴一起打造 DG 成长营，从海报设计到招生、设计课程内容到正式开营，我们只用了两周时间，完成了在许多人看来完全不可能完成的任务。100% 意愿 +0% 方法 =100% 结果。

（3）践行利他的使命

看到比你优秀的人还比你努力，就会倒逼自己更加努力。真善美的对面一定是假丑恶；遇见不期而遇的温暖，也能焦点向外地去贡献。

工作的稳定也是妈妈们控制情绪的前提。一份利他的、有价值的工作，可以让妈妈们在工作中获得价值感和成就感。以我自己为例，我们团队致力于青少年的成长。

不断开发能解决客户痛点的产品。建立价格梯队，入门级的产品和中端产品都要有，不断丰富自己的产品线，最大程度满足客户的需求。

在各大平台上做线上和线下的演讲，增加自己曝光的机会，吸引潜在用户到自己的个人微信号。

继续开训练营，帮助孩子们成为内心强大的学霸。提高文案营销水平，收集用户证言并广泛传播。

我们团队的愿景是打造中国青少年成长品牌的No.1。每次看到孩子们的改变，是最让我开心的事。

生命的价值，是人在生命历程中集结的全部体验。利他是最好的利己。感恩DG成长营的平台，让我有机会去帮助更多的青少年；感恩现在的自己，让我有机会在未知的世界里遇见更好的自己！

第六章

不吼不叫，高效与孩子沟通

> 父母是定基调的人，我们要多花时间陪伴孩子，更多地去了解孩子们的内心世界。

父母是定基调的人

我的一个催眠个案在养育孩子的过程中很痛苦,我告诉她是方法不对。"为什么明明是个坑,她偏偏要往里跳呢?我自己的孩子,家里人实在是没给她什么压力啊!她是怎么回事呢?"我总是会听到这样的抱怨。

当我们在痛苦中产生要帮助自己的紧迫感时,这就是自我同情,它的核心是理解并原谅自己。理解自己的需要和感受能够给我们带来放松和安慰。

作为父母,我们是定基调的人。我们首先要保持平静;其次要有耐心;最后要保持对孩子的关注。

要认识自己,包括自己的痛苦。我们不要夸大也不要蔑视自己的痛苦。不要逃避责任。

深呼吸,将注意力集中在身体感觉紧张的部位。关照自己的身体,比如我会在孩子们睡觉后做面膜,一边看书,一边品红酒。

建立"音乐疗愈清单",听听自己喜欢的音乐,它是改善情绪的良方。找到能让自己心情愉悦的音乐,重新调频到正向情绪。

下午茶时间放松30分钟。让下午茶时间变成要关照自己的一种提醒。用一杯茶和咖啡的时间让我们彻底放松下来,慢慢回归当下,进入到全然放松的情境。

增强自己的幽默感。多看一些搞笑的经典视频或笑话，让自己大笑一场。与喜欢自嘲的人交朋友，他们通常都有一颗有趣的灵魂。

养成每天记录的习惯，写感恩日记，把自己喜爱或欣赏别人和自己的地方一一记录下来，变成养分滋养自己。

让自己内心平静，是用爱和尊重与孩子沟通的核心。在每一次负面情绪中去觉察自己的感受，行得通的是哪些地方？行不通的是哪些地方？

在一次又一次的觉察和醒悟中，去收获新的认知和想法。改变表达方式，让自己柔软下来，去关注、安抚、引导孩子。

孩子不是我们的敌人，他们是我们的朋友。我的催眠个案经常会说："我现在和孩子的关系用四个字就可以形容——相生相克。"我们要让孩子们感觉我们是和他们站在同一战线上的，他们才会容易配合我们的要求和引导。

父母是定基调的人，我们要多花时间陪伴孩子，更多地去了解孩子们的内心世界。养育孩子需要耐心、关注、同理心和爱。我们要用温柔而坚定的态度与孩子合作。我们始终坚信：父母成长，孩子才能成长！

在紧闭的心门后，孩子到底在想什么

我的催眠个案中，有 30% 是青少年。家长们总认为青春期的孩子不好沟通，很叛逆，总把自己锁在房间。我们做父母的，都希望给孩子最好的。创造彼此的舒适空间，是开启孩子紧闭心门的钥匙。

信念和价值观的高度一致，让我和其他三位创始人王冰、旭旭和 Nelson 走到了一起，创办了 DG 成长圈，携手为大家创造价值。

我们始终认为，家长唯一要做的事，是培养出孩子照顾自己人生的能力。我们父母要给予孩子充分的尊重。

亲子沟通要把握以下 10 个基本准则：

①孩子是独一无二的；
②我们不能控制孩子；
③沟通的意义取决于孩子的回应；
④沟通背后的情绪是稳定的；
⑤所有行为都有它的正面动机；
⑥有更好的方法，孩子就会跟随；
⑦凡事都有三个以上的解决方法；
⑧我们需要终身学习，成为孩子的榜样；
⑨无条件的爱；

⑩让孩子负起责任来。

每个人的信念、价值观和行为准则都有所不同，我们不能要求孩子一定要和我们所希望的一样。比如："他就是一个天生很有次序感的人，你就尊重他的行为；他如果很敏感，那么恭喜你，你的孩子一定很聪明。要知道敏感是聪明人的标配！"我们要尊重孩子的独特之处。

出于对我的催眠个案隐私权的保护，我不能展开来描述他们的心理感受。但他们的期许是一样的："家，应该是一个整体，家庭成员之间的关系不应该是疏离的。家是让人感到温暖、充满关爱和关怀的地方。彼此相互信任，又相互独立。"

我想重点分享："如何听，孩子才会说？"在这里举个例子，我的一位催眠个案告诉我："我和我的父母已经到了无法交流的地步，他们总是问我的分数考了多少？作业写完了没有？好像除了这两个问题，其他的对他们都不重要。"

久而久之，孩子们就对父母筑起了心墙，拒绝和父母分享他们内心真实的想法。

下面和大家分享我们常常会碰到的几个沟通障碍：

（1）当孩子向你抱怨："小红不和我玩，她去和其他小朋友玩了。"你会怎么回复她？

如果你说："我建议你对小红好一点儿，我们请她到我们家来玩。这样她就愿意和你一起玩了。"

孩子很可能接收到很多隐藏信息，比如：

"你不接受我的感受，所以希望我改变自己。"

"你认为这是我的错。"

"你认为她不理我,是我的问题。"

"你不相信我能自己解决问题。"

(2)当孩子和我们沟通时,以下回应会明确传达我们想更多地了解状况。

"我很想知道你的看法。"

"这似乎对你很重要。"

"你想谈谈这件事吗?"

(3)积极倾听,让孩子更容易开口。

孩子:我真想能偶尔感冒一下,像小明一样。他运气真好。

妈妈:你觉得对你有点不公平。

孩子:是的。他可以不用去学校。

妈妈:你真的希望有时候不去学校。

孩子:是的,我不喜欢天天去学校。

妈妈:你真的厌倦了学校。

……

我们父母已经习惯了告知、说教、询问、判断、威胁、警告或安慰。

运用积极倾听,父母应该具备的态度:

①愿意花时间去倾听孩子;

②真诚地想要在当下帮孩子解决问题;

③全然接纳孩子的情绪;

④深深地信任孩子有处理自己情绪的能力;

⑤认识到这些情绪是暂时的；
⑥孩子是独一无二的个体。

积极倾听能开启解决问题的第一步，让孩子释放情绪和定义问题。孩子们会自己接手问题，并最终找到他们自己的解决方案。

区分"你——信息"和"我——信息"
"你不应该那样做。"
"你难道不能……"
"你应该懂事一点儿。"
我们不难发现，当我们用"你……"，孩子们接收到的常常是无用信息。
"我——信息"的构成要素
①对不可接纳行为的一个描述；
②父母的感受；
③这个行为对父母造成的实际而具体的影响。

行为 + 感受 + 影响 = 接纳

先来看一个错误示范：
"你不打电话说一声，真是不考虑妈妈的感受。"(贴标签 + 批判)

正确的沟通方式如下：
"你离开学校之后，没有按时回家，也没有打电话说你要晚回来……"（讲事实，不带指责的行为描述）

非暴力沟通方式如下：
①什么是我的观察？
②我的感受如何？
③是哪些需要（价值或愿望）导致那样的感受？
④为了改善生活，我的请求是什么？

家长们可以多看一些亲子沟通的书籍，多向专业人士学习。希望大家在教养孩子的路上少些迷茫，祝愿我们的亲子关系更和谐。彼此赋能，一起努力，给孩子一个自由且精彩的未来。

把话说到孩子心里去

我们从小就被灌输一个观念:"小孩子要听话。"我们默认一个普世价值观:听话的孩子才是好孩子。

多听话就意味着少用脑。多动脑筋,一个人便会多思考、多突破。如果大脑不运转起来,就不能发展出更高的智力水平。

听话是有很多隐患的,这意味着父母剥夺了孩子独立思考和解决问题的能力。我有一个催眠个案,16 岁的女生,爸爸是事无巨细的操心老爹,承包了女儿成长过程中的大小事。妈妈是事业女强人,忽略了孩子的成长。

孩子在成长的过程中有太多的心不甘情不愿,有太多的无奈,有太多的顾虑都被父母的不正确教育方式给镇压下去了。我们作为父母,已经习惯了享受孩子听话的安心和方便。

那么我们要怎么说孩子才会听呢?我想分享几点心得。

第一,修正不清晰的表述

"宝宝,你要听话""怎么这么不乖",这些都是概念模糊且抽象的描述,孩子们根本不知道我们想让他们做什么。所以要直截了当地说:"宝宝,去把玩具放到框里""绘本放回书架上。"

第二，不要用询问的方式
"宝宝，你可不可以把那本书给妈妈？"孩子们头脑中会有两个选择，他们当然也可以选择"不可以"。

第三，明确而简洁地传达
一次就讲一件事，用字不要超过15个字，简单明确地让孩子们聆听并接收。

第四，用正面词语表达
语句中不要出现"不""不要乱跑""不要大声"可以改成"宝宝，坐到我身边来""我们小声一点"。孩子们能立刻清晰地接收指令。

第五，避免多个指令
"宝宝，去收拾玩具、整理书桌、洗手吃饭……"当我们给到孩子们很多信息或指令时，他们容易混淆，觉得力不从心就会放弃。

第六，有效地警告
"如果你不马上放下手机吃饭，手机会被没收，今天一整天不能碰手机。"切记警告只发出一次，让孩子们最终学会遵从"只说一次"的指令。

第七，心平气和的态度
在发出指令时，不要让孩子们感觉我们是在发泄怒气，而要让他们感受到我们是在帮助他们一起成长。

第八，注意积极倾听

我们只需要重复孩子的感受，去反映情感。要做到不评论、不指责。我们既要对孩子的感受表示理解和同情，又要让他们对自己的问题负责任。

第九，使用接纳性语言

当我们的孩子能够发自内心地接纳他人，又能够表达自己的接纳时，他们就拥有了帮助他人的能力。如果我们老说自己的孩子很笨、很坏，那么他们真的就会变成那个很笨、很坏的人。我们要多用正向的词汇肯定他们。

第十，学会共情

我们每个人在谈话时，都希望他人能感受到我们的感受，而不仅仅是言辞。孩子们的喜悦、憎恨、恐惧、骄傲、愤怒、悲伤……我们是否能够体会？是否可以有新的理解和认同？我们的目标是让孩子对我们敞开心扉，可以更加诚实地面对自己。

我们父母要对孩子们的身心健康承担起全部责任。我们要努力把他们教育成一个有梦想、懂得坚持、善于合作、能为社会作贡献的好公民。

精进与孩子的相处之道

又是一个忙碌的周末,青少年个案的增加带给我很多思考。昨晚和一位孩子的家长聊到凌晨1:30。在孩子成长的过程中,每一个环节都不能出错。

出于对催眠个案隐私的保护,我不能分享个案的具体表现和成长历程。但我想结合他们的共性和需求,谈谈父母应该如何与孩子相处。

(1) 尝试换位思考

我们与孩子交流,千万别说我觉得你有问题。这会让孩子感觉被指责,认为他做得不够好。我们要换位思考,告诉孩子:"这和咱们的预期有差距,我们能不能……"这样的沟通方式会让孩子们感觉被尊重,同时也能了解父母的期望值,可以让孩子有机会与父母进行商量,并与父母变对抗为合作。

(2) 帮助孩子发展同理心

这几年,我研习了大量心理学的基本原则和实用的养育方法。在加拿大听过无数场育儿讲座,参加过无数次育儿工作坊。其实核心的底层逻辑是一样的,我们到底是把孩子当成一个可操作的机器?还是一个活生生的有生命力的个体?出发点不同,我们处理事情的态度和方式是完全不同的。

（3）让孩子感受到我们的爱与关怀

我的催眠个案经常会说："我知道我的父母很爱我，但他们的方式是我不能接受的。"我们要让孩子感受到我们的爱与关怀，当任何情境、情绪、事件发生时，我们不会逃避，去接纳它、尊重它。当我们的内心力量增强了，我们才能觉察到内心的平静和幸福感。

（4）改变父母旧模式对你的影响

曾经在一本心理学著作里看到一段话："在你娶一个女人之前，要先了解她的母亲；在嫁给一个男人之前，要先了解他的父亲。因为你的另一半，将来可能也是那个模样！"我们的父母在工作和生活上的习惯，待人接物的态度，价值观与信念，他们对待事件的情绪反应，我们都看在眼里。孩子就是父母的复印件。我们作为父母，对于自己父母旧模式的不认同，一定要修正，即使很难，但这是我们能做的正确的事，它关系到我们孩子的未来。

（5）多让孩子亲近大自然

我在自己的DOA里面，设定了一个家庭计划，每周至少带孩子们去公园或海边一次，每次两小时。让孩子们有亲近大自然的机会，大自然是最好的老师，孩子们会在大自然中学会观察、会在生活的体验中找到让自己愉悦的部分，收获平静和喜悦。

（6）激发孩子的成长内驱力

学习当然不是任务，孩子们的学习目的是找到自己向上的力量。

他们能够真正享受探索新知的过程。他们很清楚自己要去到的地方，为了这个目标，他们会给自己设计路径，并严格去执行。昨天我们晚餐时开了一个家庭会议：爸爸明年计划去美国做访问学者，我们全家有机会去美国陪伴一年，就孩子们是否要转校到美国，我们进行了家庭讨论。女儿和儿子振臂高呼："我们爱中国，我们要读北大和清华。"

（7）做一个温暖、有洞见的父母

我们家以"折腾"著称，从来都不按套路出牌。孩子们的适应能力也随我们，会很快融入新的圈子，并有很强的归属感。无论如何，成长型思维的人都是随心而动，相信一切都是最好的安排。陪伴孩子成长，让我们有机会重新成长一次，学会如何应对各种烦琐、学会承担责任、学会100%成为源头、学会严谨……

（8）不要对孩子吼叫和打骂

当我们能心平气和地与孩子相处，孩子们也能向他人投以善意和平静。我们经常把怒火发泄在孩子身上，我们就是控制不住，但我们常常意识不到这种负面情绪对孩子的影响会是终生的。我昨天在催眠一位青少年时，他在潜意识里就回溯到自己幼儿园的画面，爸爸打他前拍到了旁边的玻璃，他吓到不行，这种恐惧深深地烙印在他的潜意识里。他感觉不到无条件的爱，他唯一感受到的就是自己如果做不到父母的要求，就不能回家，就要被抛弃。他最缺乏的是爱和安全感。

世界和平始于家庭。未来是由我们和我们的孩子一同塑造的，精进与孩子的相处之道，从有意识的行动开始吧！

孩子需要情感引导式教育

当孩子们在学校里受委屈了，和同学之间闹得不开心，希望父母给予安慰和理解时，我们父母的做法常常是："男孩子哭什么哭，男儿有泪不轻弹！"

我们习惯了去否定孩子们的感受，当他们发生了状况之后，我们首先关注的不是孩子本身的情绪状况，而是会去关注孩子没做好的部分，去苛责他们。还自以为是地觉得这是正确的教育方式，让他们学会坚强，学会承担责任。

于是，孩子们就学会了掩饰自己的情感，把自己的心包裹起来。孩子们就是一张白纸，如果我们做父母的不改变，孩子们就会继承和我们一样的思想和行为模式。

健康的心理关系着孩子的一生，我想从我的专业能力和个案们带给我的思考出发，与大家分享七点感悟。

（1）让孩子信任自己内心的感觉

孩子们常常需要依靠父母或老师的信号来决定自己的行动。我们常常告诉他们要听话，不要调皮、不许乱动、不许哭。在这个过程中，我们在无意识的情况下打击了他们的积极性，他们欠缺了控制自己的能力，变得越来越不自信。

（2）培养孩子的情商

第一，要清楚认识并觉察内心的感受，正确运用情绪去提升自己。第二，要接纳负面情绪，客观地看待负面情绪，它们是一种动力，学会用文字或语言表达当下的感受。第三，要有同理心，当我们父母多去关心和理解孩子，他们自然也会学习到这个优点，他们也会更多地关心和理解其他人。

（3）与孩子成为朋友

我们父母总是希望给孩子们一个权威形象，让他们"怕"我们，让我们的话有份量。但事实上孩子们更期望我们和他们做朋友。我在加拿大时参加过一个心理工作坊，结识了一位有智慧的爸爸，他有三个孩子，与孩子们的关系就像朋友一样。他帮助他们建立了良好的信念和行为模式。

（4）帮助孩子获得群体归属感

我的催眠个案中，有一个12岁的女孩子因为自己喜欢的朋友突然和另一个女孩更亲密了，她就特别受伤，气愤地将她的微信删掉，从此不再联系，也不再和她说话。她把自己关到房间里，不想见任何人，不想做任何事情。我们能为孩子做的，是帮助他们获得归属感，认为自己对集体和班级是有贡献的。在行为上鼓励孩子们多帮助他人，多去合作，同时参与家庭事务的讨论、决定及执行。

（5）鼓励孩子自己做决定

我们要鼓励孩子们自己做决定，自己去解决问题。我的催眠个案中有个14岁的男孩，特别有主见，父母也特别信任他。到加拿大读高中的学校是孩子自己定的，家长没有给任何意见，全然地相信和支持他。事实证明,他的选择是最优选择,他能充分地为自己的行为负责。在行动上,他自动自觉地做事,丰富自身内涵。

(6)拥有和他人相处的智慧

在这一点上,我觉得我女儿做得特别好。她是我们家最有人缘的一个人,真正做到了"人见人爱,花见花开,车见车载"。她回到中国读书快一年了,依然保持着和加拿大闺蜜们的视频通话频率;她每次旅行都会主动认识新朋友,去年暑假结识的泰国和美国的朋友依旧在通过网络联系;她在现在的班级里也很活跃,经常会做手工礼物给她喜欢的同学……她懂得寻求自己的权利和义务,但同时尊重他人。

(7)面对冲突和解决问题

我会经常对我的两个孩子说:"一个人不能控制另一个人,这是最愚蠢的做法。"不要"教"孩子,让孩子"学"到才重要。我的儿子今年9岁,我感觉他是上天派来挑战我的。他总是能在最短的时间让我一触即发,各种抓狂。我只能默默地告诉自己:"我是亲妈,修为不够,继续修炼。"我希望帮助他将冲突看成是对话,我们可以从冲突中抽离,想清楚我们要什么?摆正态度去处理。

正确的行为态度是:不理会他人的挑衅,我们不可能让所有人满意,不需要对轻视我们的人过度解释;接受他人的意见,努力提升自己,把焦点放在精进自己上;发现自己有错时要主动承认和道歉。

孩子们需要情感引导式教育,孩童时代决定整个人生。在陪伴孩子们成长的过程中,让我们一起携手,给孩子们打造一个温暖有爱的家。

三人行必有我师

师者，传道授业解惑也！我人生中有两大恩师，让我在10年间，从一个任性的小女孩迅速成长为一个高绩效教练。

恩师A：Angel，10岁半女孩，乐观阳光，擅长演讲。

恩师P：Paul，9岁男孩，善良温暖，擅长画画。

（1）调动潜能

恩师P刚刚从生活了5年的全英文环境到了一个需要天天背诵古诗词的中文环境。专注激活了他的潜能，起点低的他从最简单的唐诗开始，到如今口吐莲花仅仅用了半年时间。分享一个内心博弈方程式：潜能－干扰＝绩效

觉察：真正的对手不是比赛中的对手，而是自己头脑中的对手。

（2）用心支持

与恩师P聊天，我问："你的梦想是什么？"他答："我想成为一名建筑师，将来给妈妈设计一套独一无二的别墅。里面有书房、茶室和专门插花的区域，可以摆放插花作品。"

觉察：只需要用提问的方式，关注未来的可能性。

【GROW 模型】

恩师 A 面临着更大的挑战，四年级的语文和数学对她来说简直是场噩梦，第一天上学连黑板上的作业都看不懂，天天哭着要回加拿大。

（3）设定目标（G）

我问："你想要什么？"

她答："我想要流畅地阅读中文书，期末考高分。"

我赞："明确学习和绩效的核心本质是责任感。"

觉察：永远不要低估自主选择和责任感对自我激励的价值。

（4）分析现状（R）

我问："你现在的实际水平是？"

她答："我看不懂题目，考试勉强能及格。"

觉察：描述而不评判，有助于保持一种抽离和客观的状态。

（5）选择方案（O）

我问："你能做什么？"

她答："寻找负责任的晚辅老师，每日至少花三小时精进语文和数学。"

我赞："当下就是改变的机会，让自己变成命运的创造者。"

觉察：为持续学习创造条件是绩效改进的关键。

（6）阐明计划（W）

我问："你将要做什么？"

她答："这是我的学习计划。"

觉察：不介入，让她认识到学习是对自己的未来负责任。

践行GROW模型，恩师A的语文期末考试意外考到91分，还勇夺中文演讲一等奖。

三人行必有我师，与我朝夕相处的一双儿女就是我人生中的两大恩师。孩子成长，我们成长。

给女儿的信

亲爱的宝贝：

瞧！咱们从加拿大回到深圳已经有大半年了，你强悍的适应能力让妈妈感到特别骄傲。这是我写给你的第一封信，想和你聊一聊成长。

（1）懂得认输

妈妈以前很自傲，不爱听坏消息，不愿意听到对自己不利的真相。现在看来是一种"逃避"。

逃避是没用的，要敢于直面失败！认输才会赢！

（2）知己知彼

妈妈以前总觉得自己很优秀。但宝贝，你要知道山外有山，每个人身上都有我们可以学习的优点。

知己知彼才能百战百胜！

（3）学会等待

妈妈以前很没有耐心，不知道形胜是在等待中积累的。学会等待是一个非常重要的策略。

等待形势的变化，形变化为形胜，势变化为势胜再行动！

（4）保持紧张
妈妈以前活得随遇而安，但如今的我践行冠军战略，时刻享受被碾压。

人，永远都不可以懈怠！

（5）先胜后战
妈妈以前做事全凭感觉，但现在妈妈会首先计算机会成本和沉没成本。

计算赢了再行动，没有赢就不行动。

（6）内心坚定
妈妈以前遇到突发事件，总是特别慌乱。但如今内心因为有"道"，变得无比坚定。

把心放下，知行合一。

（7）觉察收获
妈妈以前读书时，好胜心很强。读书要有收获，关键在于有正确的读书观。

我们应该专注于学到了什么，懂得去觉察自己的收获。

（8）磨炼意志
妈妈以前做事都是凭激情，坚持不了几天就放弃了，但现在的我特别自律。人活一世，在事上磨炼。

活气,就是衡量并较量意志力!

(9)做好减法

妈妈以前把自己搞得特别忙,恨不得抓住所有机会。最后是"猴子掰苞谷",因为不够聚焦,成效不大。

停下来做好减法,专注在自己最重要的事情上。

(10)以强胜弱

妈妈以前很在意别人对我的评价,但如今我变了。文章不是写给所有人看的,这世界需要有不同的声音,才是它存在的理由。

我们要学会包容,承认差异,用更高的格局去尊重。

我的宝贝,妈妈特别喜欢和你分享我的成长。希望你在中国的日子,如同在加拿大一样,感到身心愉悦。

永远爱你的妈妈　尹洋

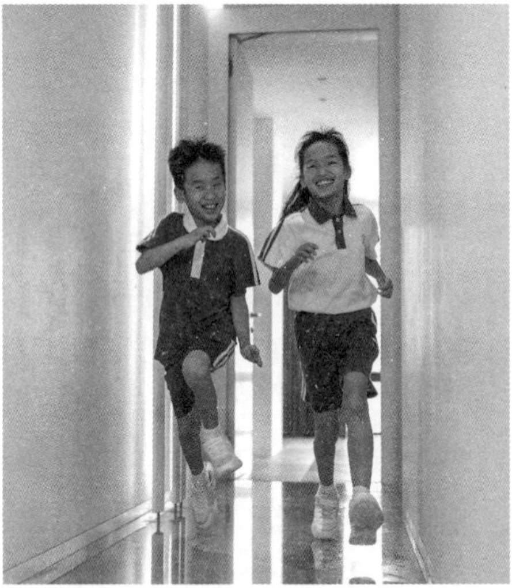

第七章

孩子不需要管教，用心就好

父母影响孩子最重要的手段，是"身教"，而不是"说教"。最有效的教育，就是让孩子看到父母是如何做的。

孩子，不需要管教，用心就好

早起，吃完先生给我做的爱心早餐，去催眠个案家帮孩子做催眠。她家住在龙华，为了高效利用在路上的时间，我没有开车。每周一次的心理疏导都选择坐地铁，路上来回是3个多小时，我把它用来写文章。

曾经也想过劝说催眠个案来我的催眠会所进行治疗，但从用户思维进行考虑，她会觉得家里更自在。想到她变得越来越开朗自信的画面，路上再辛苦也值得！既然承诺了，就要坚持到底。自己去创造路上的高效时间，100%时间创造100%可能性。

日本育儿专家岸见一郎写过一本书叫作《不管教的勇气》。孩子，不需要管教，而需要被看见。

（1）我们不要总是骂孩子

孩子们的自尊体系会因为我们的打骂一次次崩塌。我的催眠个案里有太多是因为小时候打骂的阴影让他们没有自信，总觉得自己不够好。步入社会后会因此错失很多的机会。

打骂会给父母带来双重感受：第一，我们是对的，孩子必须听我们的，我们吃过的盐比他吃过的米还多；第二，为了显示我们是负责任的父母。孩子通常会选择逃离，躲到自己的房间，不愿意和我们交流，只盼望着离家的那一刻，可以获得他们心底最渴望的自由和宁静。

（2）不要和孩子开口只谈学习

我发现我自己之前也是如此。下班回到家，一见到两个小娃，第一句话一定是："作业做完了吗？"好像除了作业和成绩，就没有什么好肯定他们的地方。这会让孩子们感觉不到父母无条件的爱，仿佛考好了，作业都完成了，才有资格和父母进行对话。我们应该多去肯定他们其他方面的特长。

（3）当我们想发脾气的时候，回避孩子

不要硬碰硬，给自己一个缓和地带，出门溜达一圈等心情平复了再和孩子谈。在情绪里是没有办法解决问题的。

（4）坦率地表达自己的感受

"宝宝，这几天妈妈没有尽到责任照顾你的学习和生活，但我看到你一直玩游戏，我心里特别担心……"当我们能坦诚地说出自己的担心，孩子是能够体会到的。我们的真诚也会促使他们和我们交流，并商讨出合理的解决方案。

（5）"当你不玩游戏，成绩肯定会上来"

不要用假设催眠自己和孩子。孩子会认定只要自己不玩游戏，成绩一定会好；只要自己不谈恋爱，成绩一定会上升……就像抓了一根救命稻草，继续打游戏、继续早恋。

（6）带孩子一起去贡献社会

比如去养老院或孤儿院做义工、献爱心。一个乐于助人的孩子更容易提升自己的价值感。当一个孩子有了价值感，他才能拥有独立完整的自尊体系。

（7）引导孩子追求正确的价值观

阿德勒哲学里有一句话："任何人都可以做到所有事。"相信相信的力量。努力去提升自己和孩子的思维方式，这包括哲学、理念、思想。引导孩子去追求正确的人生观，追求做人应有的姿态。

（8）只有主动追求的东西才可能到手

不如意的人生，往往产生于我们自己消极的想法。只有自己内心真正渴望的事情，才能将它呼唤到我们的生命中。先宣告，让全世界知道，之后就全力以赴干就对了。

（9）一个人的人生就是他思维的产物

我们要鼓励孩子在心中去种植和描绘愿望，没有"希望"，只有"承诺100%负责任"，这种愿望比任何人都强烈，热情要到达燃烧的程度。

（10）要鼓励孩子

事情没有大小事，做好每一件小事，才有机会做好每一件大事。我们要鼓励孩子将想要实现的状态以"彩色"在头脑中呈现。开始只是梦想，但通过自己孜孜不倦的努力，梦想与现实之间的界限能够消失。

孩子，不需要管教，用心就好！

教给孩子的 10 条自我管理法则

最近在读《微习惯》这本书,发现上面的方法论对于孩子尤其受益。每天只做一点点的无负担习惯养成法,对于孩子尤其受益。

(1)激发热情

一个行为变成习惯所需的时间平均为 66 天。习惯形成的第一信号是抵触情绪减弱,当某物能激发孩子们的兴趣和热情,就能建立他们渴望探索的内驱力。

(2)延伸意志

我们总会习惯性高估孩子们的自控力。我们可以从他们最容易坚持的周期开始,比如睡前阅读从 15 天增加到 30 天、再到 60 天……之后就变成了惯性。

(3)跨越障碍

精神方面和身体方面的障碍都会阻碍孩子们去完善自我管理。比如不想打篮球,我们可以鼓励孩子把每天扣篮 20 次融入生活。有时候孩子的确很累,但给大脑或身体找点事情做,身体就会被唤醒。

（4）放下执念

习惯改变中的两个关键工具是基底神经节和前额皮层，分别解决"是什么"和"可能有什么"的问题。我们一定要放下执念，这是做好自我管理的前提。带着"空杯"的心态去面对一切挑战。

（5）增强正念

努力程度、感知难度、消极情绪、主观疲劳和血糖水平引起了孩子们的意志力损耗。增强正念能帮助孩子们克服这五大障碍。

（6）习惯的养成

习惯无法被认知捕捉到，而且也不会掺杂情绪。建立习惯的目标是用重复来改变大脑。但大脑会抗拒改变，除非它们能大方地给大脑一些回报。

（7）坚持不懈

意志力是自我提高的不二法门。塑造我们生活的不是我们偶尔做的一两件事，而是我们一贯坚持做的事。

（8）提升效能

个人成长 = 微步骤 + 意志力。比如我们可以鼓励孩子们每天做5个俯卧撑，这件小事的成功会帮助他们提升自我效能感。

（9）给予自主

我们要鼓励孩子们拥有自己的控制权和决定权。帮助孩子选择一些有趣的任务，这会让他们的毅力更强。

（10）直面恐惧

强迫孩子们每天做微不足道的积极行为，只要迈出了第一步，微习惯会用一种感觉安全、给孩子们力量的方式让他们直面怀疑和恐惧。

教给孩子们以上 10 条自我管理法则，你会惊喜地发现孩子们一直以来想做的任何事情都有机会实现。

帮助孩子做好时间管理

我曾看过一则特别有意思的研究结论。哥伦比亚大学的研究者分析了一款任务管理 App 的 28000 多名用户，得出这样的结论："忙碌的人完成任务的速度更快、效率更高；悠闲的人，反而更容易错过截止日期。"

忙碌是有积极意义的，忙碌的人和悠闲的人相比，行动力和能力都更强。有时候，我们不是因为没有时间，而是不懂得如何管理时间。关于时间管理，我最大的感受是：会时间管理的人，人生更有密度，能够有机会实现更大的价值。

（1）列出待办清单

孩子在 6 岁时，父母一定要帮助他们建立时间管理的意识。用纸或电脑列出目标很重要，完成后打勾。这个动作如同拿着对自己许下的一份契约，已经完成的目标会给孩子们带来巨大的动力。

（2）拆分子项目

让一个复杂的项目变得清晰可行。完成每一个子项目，也能给孩子们带来阶段性的成就感。人无法提前设计一个完美的组织系统，我认同的价值观是："完成好过完美。"我们通过帮助孩子完成子项目，不断调整、适应，逐步去达成终极目标。这会无形中增强孩子们的自信心，构建独立完整的自尊体系。

（3）设置节点

用可视化的计划表指挥行动。我之前读过一本《高效能人士的七个习惯》，印象最深的是制作极简的项目管理表，其中最重要的一个动作是设定节点。我们要帮助孩子们设定最后期限，也就是时间上的预算，把这个计划对你的价值做时间上的限定。做好规划后，就负责任地去卓越地完成。

（4）建立交付意识

将孩子们每天的计划分为"输入""处理"和"交付"三个阶段。帮助孩子们加强自律，善用敏捷工作法。拿我女儿为例，她之前是一个"范围蔓延"失控者，极力讨好我，让她自己特别累。事实上，首先应该建立"最小可交付"，之后再通过反馈，持续迭代孩子们的每日计划。

（5）与人合作

孩子们一定要具备与人相处的能力，我们作为社会人，离不开人与人之间的沟通和协作。我们要引领孩子们去看到：更好地去调动和协调资源，可以大幅度提升自己的时间使用效率。当孩子们能开始有意识地善用时间，就是提升学习内驱力的开始。

（6）学会授权

教会孩子使用项目管理表，定期检测自己周计划和月计划的发展进度。帮助孩子们学会授权，从小具备领袖意识。学会激发和鼓励同伴，知道如何联动资源，获得支持。懂得打破常规，喜欢冒险，因为冒险的背后隐藏着机会。每个人的一天都是 24 小时，但学会授权，时间的产出可能会放大五倍，甚至十倍。

时间管理的本质是对外管理事务，对内管理自己。孩子们只要做好时间管理，就能提前过上高效能的人生，他们的未来充满着无限的可能！

爸爸对孩子的成长太重要了

一个家庭中，只有家长们心态平和了，家庭氛围才温馨，才更有益于孩子们的身心健康和成长。父亲的角色相当重要。最近的催眠个案中有很多是向我咨询如何解决孩子的青春期叛逆和网瘾问题的。我们觉得孩子沉迷游戏，这是个问题。但是在孩子的眼中，这是他没有成就感的解决方案。我们觉得别人抽烟是一个问题。但是在他的眼中，抽烟是他无聊的解决方案。

理解了这个原理，我们就会明白，为什么劝人改掉毛病往往是无效的。因为我们看到的这个问题拿掉了，就等于是拿掉了对方的解决方案，他要面对他的问题了，他就更痛苦。一痛苦，他还是要按照惯性回到他的传统解决方案上来，那你的问题又回来了。不仅生活中的诸多关系如此，很多时候，做父母的在面对孩子问题的解决上又何尝不是如此。

一个人的建设性，往往体现在：不是纠正看到的问题，而是和要纠正的人一起，共同去面对他所面对的问题。

很多父母喜欢给孩子"讲道理"，以为孩子听懂了就应该可以做到，但实际上往往事与愿违。

教育的本质不在于"说教"，而在于"身教"，我们作为家长，首先要以身作则。如果我们自己是一个不爱看书、整天刷手机的人，我们让孩子去读书而不玩手机是很难的。

我们需要在爱和自由中构建关系，有了幸福的家庭关系，有了无条件的爱，孩子才会有学习的内驱力。

当我们父母懂得回归心的本质，回归爱的本质时，那种心心相印就是在给孩子做最好的示范，那是最有效能的不言之教。孩子也因此学习到如何建构与他人的关系，如何创造爱并享受爱。

今天带孩子们去书城买书，女儿觉得自己的语文和数学还有很大的进步空间。于是向班里的学霸请教，买了《教材解读》。当一个孩子自发地有了"求好"的意向，我们是不用担心她的学习的。因为她已经具备了学习的内驱力，知道自己的方向和目标。

一个人明确了自己所在的位置和方向后，只要根据自己的能力，掌握好节奏，就已经在格局上领先大部分人。父亲的角色对孩子人生观和价值观的建立至关重要。

男孩子的成长过程中，更是少不了父亲的陪伴。放暑假时，我每周会让先生至少带儿子一天，他开会和谈事都把儿子带在身边。儿子会在潜移默化中学习到待人处事的方法和节奏。

我去上海学习时，也带上了家人一起。尝试出差与家庭旅行的完美结合，用一个周末搞定，工作家庭两不误。

尽人事，听天命。世界永远不缺聪明人，爸爸的高质量陪伴是孩子成长过程中最重要的组成部分之一。我最后想用苏霍姆林斯基写的《给儿子的信》中的一句话作为结尾："要做善良的理想主义者。"

懒妈也能培养出优秀的孩子

做为一个10岁半女孩儿和一个9岁男孩儿的妈妈，在我们家的育儿实践中，我是方案的设计者和记录者，也是那个真正把蓝图落地的人。我平时阅读了大量国内外的儿童心理学和教育类书籍，也身体力行，担负了我家老大和老二的语文和数学的辅导。

因为我们全家刚刚在去年七月份从加拿大回到了深圳。两个孩子在加拿大接受了五年的幼儿园和小学教育。北美有很多先进的教育理念和方法，我想在这里和大家做一个简单分享，希望对大家有一些启发和帮助。

这次回国，我看到了身边很多朋友的焦虑，他们不清楚该如何平衡培养孩子成才和自己事业发展这两个目标。我也和你们一样，是一个职场女性，不得不面对时间不够、钱包太小、水平有限等问题。所以我经常会思考：如何在有限的资源条件下，给自己争取更多的自由时间？为孩子的未来争取更多的选择权？

从五年前移民加拿大开始，我就立下了一个宏伟的目标——做一个懒妈。努力让自己不焦虑，培养出两个优秀的娃。我的先生工作很忙，常年要到国外出差，我们聚少离多。双方父母年龄都大了，我们也不忍心让长辈帮忙。在国外请保姆是一件极其奢侈的事，所以我只能培养出两个有主动性的娃，才可能让自己偶尔岁月静好。

在北美生活的五年中，我自己在亲子教育上最大的收获有五点。

（1）帮助孩子养成好的学习和生活习惯，主动参与家务劳动

每个孩子都爱玩，可是一旦养成良好的习惯，对于孩子来说，将是毕生可用的财富。帮孩子制作每天的日程表，规定固定的阅读时间。

如今，我们一家四口的早餐都是由我10岁半的女儿来准备，每天变着花样，连摆盘都特别有仪式感。9岁的儿子则负责洗碗和晾衣服。

（2）懂得言传身教，做孩子的榜样

最好的教育，是父母的言传身教。家长要自律，不能把孩子丢一边自己玩手机，阅读习惯也是父母去帮助孩子建立的。为孩子打开阅读之门，未来的路才会很好走。平和、稳定的家庭环境，对孩子来说才是最大的财富。

父母教给孩子最重要的品格，是自律。父母影响孩子最重要的手段，是"身教"，而不是"说教"。最有效的教育，就是让孩子看到父母是如何做的。

（3）帮助孩子建立梦想

父母一定要建立自己的梦想，然后再帮助孩子建立属于他们自己的那个独特的美好梦想。梦想就像一粒种子，它会自动吸引宇宙的能量为己所用。

梦想是孩子一生发展的动力，是对未知世界的向往、对生命极限的超越。从孩子的兴趣爱好出发，让孩子自己做出决定，学习内心真正热爱的东西，去探索未知的世界。

一个人一生有没有成就，是由他的梦想决定的。所以父母在帮助孩子把成绩搞好的同时，更重要的是帮助他建立一个梦想。

(4) 鼓励和赞美孩子，重视孩子的贡献和价值

每个人在家庭中、社会中都在寻求"存在感"，孩子也不例外。父母满足孩子存在的需要，有利于帮助孩子建立自己独立完整的自

尊体系。

最重要的是要懂得接纳孩子的缺点。每个孩子都有自身的优势，往往也有不足之处。作为父母，我们一定要分清楚缺点和错误，因为错误可以改正，缺点唯有接纳并尽力弥补。

（5）多读书，多交友，多旅行

每本书，都是一套"思维模式"。读的书越多，就会理解越多不同的思维模式，越有助于打开"思维转换"的开关。

其实每个人也是一套"思维模式"。认识的人越多，你会越理解自己"思维模式"的局限性。

旅行会帮助孩子增长见识。想要打开"思维转换"的开关，需要读万卷书，行万里路，也要阅人无数。

综上所述：教育孩子，需要合理的激励和科学的方法。核心在于赋能，不是为了控制孩子，而是让孩子自己作主。

读懂孩子的 10 条心法

自从运营 DG 成长圈以来,我收到很多营员的反馈。他们认为我对孩子的教育是有独特视角的。这来源于我在心理学和教育学领域长达十几年的积累;来源于我对未来 AI 时代所需技能的理解;以及对东西方教育的深度思考。

(1)欣赏

我在帮客户进行催眠时,经常会用到一招,叫作"自尊的按摩"。当你对一个人全然地接受,他的缺点都会被你看成优点。

(2)赞美

我经常会赞美我的两个孩子,帮助他们找到完美的自尊。我女儿的口头禅是:"我怎么这么优秀。"当孩子的自尊水平提高了,自律水平才会高。

(3)授权

带着孩子旅行,每次在准备退房时,我会授权年龄最小的儿子检查房间,取名 Mr.Remember。他非常乐意去做并完成得非常好。给孩子一个头衔,使他有一种权威感。

（4）鼓励

在我的育儿实践中，发现鼓励比批评更容易让孩子改正错误。我女儿今年读四年级，过去的五年都在加拿大接受英文和法语的教育。语文基础薄弱，从刚开始哭着要回加拿大到后来奇迹般拿到中文演讲一等奖。方法就是两个字：鼓励。

（5）自信

让孩子知道，你对他非常有信心。

（6）不忧虑

我曾经花了一年时间来学习情绪疗法。深知忧虑来自恐惧，它是我们对还没有发生的事情的负面想象。要想引导孩子获得幸福，就必须改掉忧虑的习惯。降低环境刺激，建立思维的秩序感。

（7）不干涉

社会能力是孩子解决冲突和与人相处的能力。人是社会性动物，孩子需要在成长过程中与他人建立联系，家长不要干涉孩子获取快乐。我们要引导孩子怎么做，而不是替他做。

（8）不批评

我们经常对孩子说"你不要……"，却很少说"你要……""如何做才能……"对孩子温柔一些，会得到意想不到的效果。

（9）不要求

不要对孩子要求太多，允许他们做独一无二的自己。帮助孩子拥有健康、热爱学习、对社会保持好奇心。

（10）不攻击

真正的教育不是装满一桶水，而是点燃一把火。培养出高质量的爱，用我们的生命去影响孩子的生命。

父母需要不断地学习、不断地进步。在这个过程中，父母向孩子展示了自己的决心和学习的乐趣。

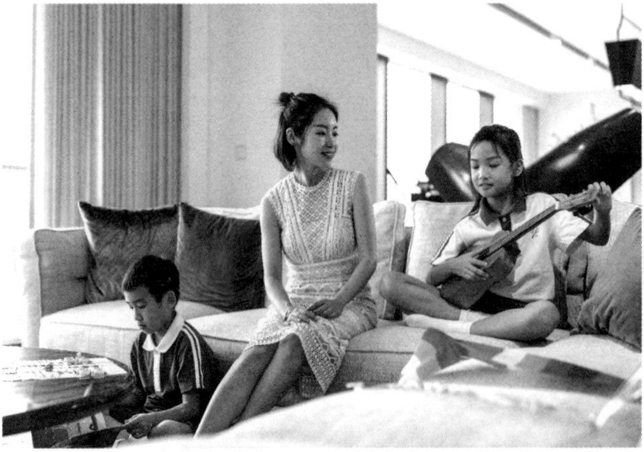

第八章

让孩子拥有成长型心态

我始终相信阅读的力量,以身作则,带领孩子通过每天不断地反思和学习,去改变各自的生活。

和孩子一起透过承诺去创造

生活攻略是一场关于我自己个人成长的旅程，是一场创造结果的比赛。这段旅程召唤出个人潜在的能力，透过承诺去创造更多更大更卓越的可能性。

我常常会不自觉地回溯到自己的旧模式里，在做任何事情前，我会去订一个保守安全的目标，确保能完成。但通常订完它我完全不兴奋，因为它是我踮踮脚尖就能完成的目标，和我想搭个天梯摘月亮的梦想给我带来的冲击是不一样的。我是用一个框框把自己给束缚住了。

完美者和卓越者最大的不同，是一个向内看，一个向外寻。前者的思想和信念始终受束缚，而后者的思想和信念是无极限的。

我将每一天的工作和生活投入省思的体验中，我也带着两个孩子加入进来。我会让他们去感受自己的身体、想法、感觉和行动，不是只关于心智，是全然投入于当下。

我们不能小看孩子们的智慧和通透，他们是离哲学最近的人。我想分享六点，和孩子们一起透过承诺去创造。

（1）承诺加行动引发支持

在我们想对孩子大吼大叫之前，请认真思考：我们是希望孩子出于对我们的恐惧而听从我们的建议？还是出于对我们的爱戴和敬重而听从我们的建议呢？

我们可以鼓励孩子制订计划，我女儿去年回国时，中文特别差，我就鼓励她慢慢追赶，不要有压力。有时候压力也是一种动力（承诺＋行动引发支持）我帮她找到了负责任的晚辅老师，她用了半学期就突破了。

（2）授权等于信任和支持

我会安排小朋友去打扫房间和做早餐，当我授权给他们，我就全然地信任他们能完成目标。当他们需要我帮助，我再给予适当的支持。

最好的教育源自内心，它体现在我们日常生活中的每时每刻。孩子们的每一次悲伤、愤怒、担心和害怕，我们都要陪伴他们一起去度过。为人父母，事实上是在孩子们最需要我们的时候，以他们最需要和最喜欢的方式去帮助他们。

（3）接受授权等于为结果负责任

孩子们只有在一种温柔而坚定的气氛中，才能培养出自律、负责、合作以及自己解决问题的能力。

当孩子们接受了授权，就是等于为自己行为的结果负起了责任。他们会学会让自己受益终生的社会技能和人生技能。

（4）发挥影响力，共同创造结果和愿景

专注力是孩子们所需的最重要的能力。我不再单纯以自我克制的心态要求孩子们要有耐心，而是发现他们越来越自然地、本能地有耐心。这让我感到非常喜悦并欣慰，因为我的孩子们因此而成长得更健康、更快乐。我们之间的亲子关系变得更亲密、更融洽。

在纠正孩子们的行为之前，一定要先赢得孩子们的心。邀请他们一起探讨解决方案。

（5）百分百时间，百分百可能性

让孩子们在自信、自立的快乐环境中健康成长，把良好的行为品德、有益的社会技能深深植入孩子们的心里。

孩子们的人生同样是一场比赛，要争取百分百时间，去创造百分百可能性。

（6）言出必行，说到做到

让孩子参与解决问题，要求他们对自己的承诺负责任。让温柔与坚定并行，鼓励孩子们说到做到。只要能做到这一点，他们就已经优于90%的人了。

尊重和关心他人、善于发现和解决问题、敢于承担责任、乐于贡献、愿意合作都能为孩子们带来归属感和价值感。

我们不但要有一颗爱孩子的心，更要懂得如何去爱孩子。透过承诺去创造属于你和孩子之间的那份最亲密的关系吧！

培养孩子的创作者思维

孩子们是天生的艺术家，我们做父母的，需要通过鼓励和赞美把他们的艺术家潜质和特长发挥出来。

家庭美育是自然而然进行的，不是一定要给孩子一支笔、一张纸，孩子才能安静地去创作。孩子们可以通过各种形式去创造。比如我女儿特别喜欢摆盘，所以她会非常开心地负责我们家的早餐，经她的细致摆盘，我们家的早餐品味都很高，比如切好圣女果、橙子等水果，洒上燕麦、坚果和小甜甜圈，开启元气满满的一天！

我所理解的创作者思维，是面对一件事的时候或面对一个未知时，愿意去主动地思考并做出行动。

（1）玩儿就是学

孩子们在自己感兴趣的事物上是非常专注的，他们可以一群小孩在路边倒腾一条毛毛虫一小时。记得加拿大的冬天飘着雪，我带着孩子们在屋外的楼梯栏杆上取了一些干净的雪，拿回家"煮雪烹茶"。水为茶之母，孩子们通过对比，知道了用雪水做的茶和普通水做的茶有本质的区别，雪水喝起来特别软。

孩子们在做一件事情时，首先会考虑它是否好玩儿。如果这件事是有趣的，他们才会愿意去尝试。在玩儿的过程中，有很多值得我们学习的地方。比如明白了完成一件事情需要耐心。

(2) 孩子们都是戏精

表演是天性，孩子们都特别享受塑造角色的乐趣。在加拿大生活的五年里，我会鼓励孩子们去参与戏剧表演的学习。孩子们会发掘很多的能力，比如社交能力、设计能力、团队合作能力……他们自己制作道具，在与同伴的互动中共同成长。我们DG成长营也加入了戏剧的部分，让孩子们来亲自演绎自己的梦想，特别有趣和丰富。

(3) 带孩子去美术馆

我们要首先了解展览和相关艺术家的背景，提前搜一搜艺术品的相关图片，把握基调。查查周围有什么好吃的食物？（这点对孩子们很有吸引力）

第一，通过跨学科的方式来了解艺术品，从自己的角度、自己擅长的领域找到适合的话题与孩子们交流。

第二，多感官交流。孩子是开放式吸收的心灵，五感是打开的。我们要了解儿童的学习模式，尽可能用不同的方式让孩子们感受和理解这个作品，与之对话。

第三，探究式的提问和对话。我们要多向孩子们提出开放式的问题，引导他们不断地去思考和提出自己的问题。

家庭环境是一个人审美水准的晴雨表，尤其是客厅，我会把孩子们的画裱起来收藏。在我眼里，孩子的画就是最好的艺术品。从小培养孩子的创作者思维，孩子将受益终生。

让阅读成为孩子的好习惯

在我看来,如果父母有一件事需要教给孩子,而且会令双方终身受益,那件事一定是阅读。

(1)为什么要提倡阅读

父母和老师教给孩子的知识是有限的,我们都希望自己的孩子能与经典为伴,与智者为友。希望他们能够纵观古今,遍览世界。阅读,无疑是成本最低,效果最好的方式,没有之一。

(2)阅读有哪些好处

阅读让我们从"单向度"的人变成"多向度的人,增强了我们分析事实、逻辑和进行批判性思维的能力,同时让我们拥有创造美好生活的理性能力与享受美好生活的感性能力。

知道了阅读的重要性,那么要如何进行亲子阅读呢?

(3)科学性是选书的首要标准

根据 TIPS 原则,考察作者的学术背景,选择权威出版机构和有影响力的推荐人所推荐的阅读书单。书不求多,但求有趣。在孩子们心中种下阅读的种子,知识的习得来自刻意练习。刻意练习 = 时

间 × 积累。

（4）建设性是选书的基本逻辑

每一本书都是有自己的使命的。第一，看这本书是否能给孩子的学习和生活带来意义；第二，看这本书是否可以让孩子产生强烈的动力；第三，看它能否为我们的生活带来改变，推荐优质的内容给孩子：比如名家的短篇、伟大领袖的演讲集、文人的诗集。

（5）走出阅读的舒适区

让孩子能够主动地、持久地阅读是我们培养的目的。理解力的池子有多大，他们就能读多难的书。帮助孩子从"知识—经验—感受"方面，去涉猎七大部分的知识：经济学、心理学、国学、管理学、逻辑学、哲学和人生经验。帮助他们建立自己的底层逻辑。

（6）教是最好的学

鼓励孩子在同辈群体中交流读书心得，将有趣的情节进行提炼，将自己理解和内化的知识传播出去。首先在读书时，尽量少画重点。接着在读完后给自己一段时间间隔，回忆全书。之后绘制思维导图，最后讲给大家听。

读书最重要的不是考察数量、速度，而是真正把一本书读懂、吃透，将其内化到自己的生活中。读书是一辈子的事，我们要做孩子的榜样，怀着一颗不断获取知识的心，日拱一卒，让阅读成为孩子受益终身的好习惯。

做孩子的读书榜样

耶鲁大学的校长曾经在演讲中说过一句话:"如果我们本科生在他的专业科目上很擅长,是我们教育的失败。"

的确,我们应该鼓励孩子在知识的浩瀚无垠中去探索未知。通过阅读去发掘自己的兴趣源,打造属于他们自己的进步阶梯。

(1)带着目的去读书

首先,了解一本书的框架和脉络。其次,思考本书的研究现状是什么?当孩子们了解到一个理论的前沿研究状态时,会间接地帮助他们认识到这本书的价值,从而加大脑力摩擦,收获意外惊喜。

(2)连接自己的生活

亲子阅读的价值在于讨论。帮助孩子去解构一本书:第一聊聊这本书的主人公是谁?第二谈谈写作背景是什么?第三这本书提出了哪些问题?第四用了哪些方法去解决?最后用一句话总结升华,告诉孩子一个人生道理。

(3)创作读书笔记

以书为据,根据书的核心内容来梳理读书笔记。不是单纯的摘要,而是结合孩子的自身经历去解读，进行二次创作，把最有价值的内容放在最前面，例如最棒的故事、案例，颠覆性的新知，以及生活场景的代入。

（4）拓展认知边界

鼓励孩子去读一些他们不想读或不常读的书。先学再有兴趣，他们的心才可能撕开一个"知识的缺口"，不断丰富他们的书单，进行多元阅读。善用"知识的诅咒"，鼓励他们给父母讲书。

（5）提炼书中精华

如何将一本书读薄，反映出一个孩子的学习能力。引导孩子将有价值的内容进行提炼，有八条标准：概念被清晰界定；问题严重；让人意外的解释；递进关系；转折关系；内在价值；心灵冲击；奇闻轶事。

（6）绘制思维导图

绘制思维导图好处有两点：第一，整体架构清晰明了；第二，可视化的内容更容易在大脑中变为长期记忆。我们可以教会孩子这种高效的知识输出法，锻炼孩子的逻辑结构思维，提升他们绘制导图的思路。

一个人生命最大的意义是突破了自我，使其不再属于自己，而属于社会。我始终相信阅读的力量，以身作则，带领孩子通过每天不断地反思和学习，去改变各自的生活，去更好地回馈社会。

写作是打开孩子心门的金钥匙

打开孩子的心门有两把金钥匙：一把是演讲，一把是写作。下面我想谈谈写作对孩子的益处。

（1）展示脆弱

人无完人，孩子们需要展示出自己的缺点、弱点和个性特点。真实才是孩子最可贵的优点。每个孩子都是独一无二的，写作能帮助孩子打开自己的内心。

（2）拒绝犹豫

孩子们通过文字分享他们的故事，要让他人认可他们的故事是有价值的。孩子们是值得信任和尊重的，千万不能在文字中感受到他们的犹豫和不确定。

（3）体验生活

我们可以通过真诚的文字，间接体验孩子们的生活。孩子们的价值观和生活态度也是通过文字去传递的。

（4）展示能力

用例子讲故事、用事实讲道理都能让读者感受到真切。孩子们可以通过文字展示自己的成就事件、可以分享的经验和教训。

（5）懂得感恩

对往事抱以感恩之心，会在文字中投入丰沛的情感。情感本身就是一件礼物，孩子们投入情感才能让文字走心。

（6）产生共鸣

孩子们通过多观察、多提问、多分析、多总结，就能不断地找到写作灵感。将情感融入写作之中，就能引起我们的共鸣。

（7）创造现实

孩子们创造的形象是正面、积极的。他们让我们感受到正能量，感受到奋斗的力量，不断通过自己的努力去创造现实。

（8）诉诸感官

孩子们通过细节的描写，让文章有带入感。让父母们有身临其境的感觉，就能成功地占领我们的心智。

（9）清晰定位

孩子们要很清晰地知道自己的读者是谁？能为他们创造什么价值？时刻提醒自己要保持利他之心。

（10）始终激励

孩子们的出发点是记录生活，为他人创造价值。文章是要给他人带来力量的，孩子们始终激励自己成为卓越的人，100%负责任，活出喜悦的生命。

鼓励孩子从小写作，让他们学会觉察和感知生活的点点滴滴。个人的感性素质，是获得成功和幸福的前提条件。

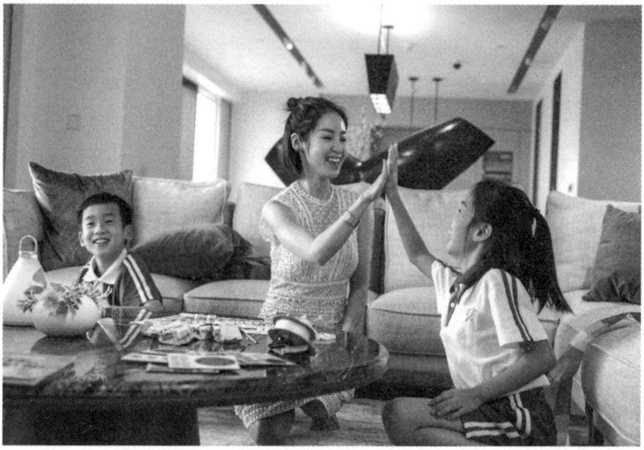

第九章

开启美妙的亲子旅行

旅行的经历,无关大小,无关好坏,决定了孩子们看待世界的高度和深度。

带着孩子环游世界

我是一个很爱玩的人,恰巧又遇见了一个很爱玩的老公。于是从独自旅行到了后面的双人游,再然后带上1岁7个月的女儿,开始了一家三口的欧洲自由行。一起坐在意大利的街头,边吃小吃边

喂鸽子；推着入眠的女儿逛法国卢浮宫；在兰卡威树屋的阳台调戏猴子……

儿子1岁3个月时也加入了我们，从此开始了一家四口的以色列之行。后来我们又一起去了美国、古巴、英国、法国、加拿大……

孩子们在环游世界的历程中，学习到尊重与包容不同个体的差异性。我记得我们到古巴旅游时，遇见了几位吉普赛女郎，女儿因为提前查阅过旅行攻略，她就非常礼貌地回绝了对方的邀请，表现出了超出她年龄应该有的尊重和包容，那一刻我很骄傲。

孩子们通过自己的视角，整理出一套独特的世界观。我也常常会告诉我的两个孩子，环游世界没什么值得炫耀的，但值得炫耀的是如何因为环游世界而给自己的生命加分。

我一直有一个旅行博主的美梦，我的女儿和儿子也遗传了我的好奇和爱冒险。我希望送给他们最好的人生礼物，是一双发现美的眼睛和一双敢于冒险的双脚。

旅行的经历，无关大小，无关好坏，决定了孩子们看待世界的高度和深度。每个人都渴望自由，孩子们也是如此，当他们受到很多的束缚，就会更加渴望自由。

人是需要梦想的，不然和咸鱼有什么两样。朝向心灵自由的方向，大自然是最好的美育课堂。我的两个孩子都是热爱生活的孩子，看到美丽的晚霞，他们会欢呼；看到美好的事物，会发自内心地自在和开心。

有人说："旅行有如行禅，教导我们时时检视自己的内心，并学习世间的种种不可思议。"我很感谢旅行的习惯，让我的两个孩子能保持心智灵活，善于捕捉生活中的美好。

父母格局小，孩子就总是冲出我们的格局。父母格局大，孩子就会更守规则。我们要鼓励孩子去实现自己的梦想，学会不顾虑别人的眼光，为自己真正所热爱的事物而活。

每个人心里都有一个扬帆远航的梦想，当现实的寂寥将一切变得无聊和沉闷时，我们要有孩童般的视角，用一个望远镜开启一段新的惊喜。

我们在西班牙看佛朗明哥，两个小娃受到左右桌外国友人的一致夸赞："专注并安静地欣赏完整场演出。"每隔一段时间，我们需要重新调整并更新自己。我们会忘掉很多的舞蹈动作，但我们会记得那份喜悦，会永远记得那个在马德里度过的美好夜晚。

我们要做让世界变得更美丽的事情。我的两个孩子都很阳光积极，抱着乐观的心，勇敢前行。我们最重要的知识来源，往往是身边最亲近的人。妈妈就是孩子最好的老师，我们的一言一行，孩子都看在眼里。

带着孩子环游世界，祝福我们都能找到自己心目中的桃花源。我们一起努力，让世界变得更好一点儿！我们的孩子是为世界养的，而不是为自己养的。当世界需要他时，我们就成功了。

旅行教给孩子的10件事

旅行，一直是我们构建和谐家庭关系的润滑剂，它就像吃饭睡觉一样，是我们家庭生活中不可或缺的一部分。

两个孩子都是从1岁多时开始了和我们的世界之行，这么多年旅行下来，我总结了旅行教给孩子的10件事。

（1）旅行是一家人成长的方式

家庭中的每个成员都是主角兼导演，剧情可以自己编写。这就好比是我们的人生，我们有机会让悲剧变喜剧，也有可能让喜剧变悲剧。关键在于我们如何选择，用什么样的态度和心情去诠释这个旅程。改变命运，有时就在一念之间。

（2）带书去旅行

旅行中有很多等待的时光，比如等飞机、等车。我的很多书也是在旅行途中看完的，比如在长距离的飞机上，有一次我们从加拿大飞到澳洲，全程20多个小时。我带了一套木心先生的书，两个孩子也带了一套他们喜欢的英文绘本。书让旅途变得更有趣了。

（3）学会表达自己的情绪和感受

真正的旅行者，是随时随地都在旅行的。我经常对我的两个孩子说："人生不长，要活得淋漓尽致。"学会表达自己是一种能力，可以用文字、可以用图片、可以用任何你们喜欢的方式。情绪是可以互相传递和影响的，感受越强烈，改变的可能性越大。

（4）打开一扇通向新奇的窗户

我的两个孩子有个癖好，特别喜欢坐飞机。他们觉得有免费的食物、饮料可以选择；有好多有意思的动画片可以看；窗外的云彩犹如仙境……他们很享受拿着机票、护照，期待着每一次未知的旅行，旅行仿佛为他们打开了一扇通往新奇的窗户。

（5）从旅行中学习新的语言

我很羡慕我的女儿，她有极强的语言天赋。在加拿大居住时，她有两个好朋友，一个是墨西哥女孩儿，一个是香港女孩。所以她就很快地学会了西班牙语和粤语的日常沟通用语。我们一起到日本、意大利和法国旅行，她又很快学会了用日语、意大利语、法语进行简单交流。

从旅行中学习新的语言，孩子们能非常高效地学会并马上实践，通过对方给到他们的正向反馈，他们会非常有成就感，越说越有信心，并努力去学习更多的表达。

（6）在旅行中发现美食

我的两个孩子之所以很阳光，有个很大的原因是他们愿意去尝试新鲜事物，特别是没有尝试过的美食。我们现在依旧能回忆起在尼斯老街吃到的让人终生难忘的意大利面，它加入了一种特殊的绿色香料。我们猜测是迷迭香磨成的粉末，绿绿的搅拌到Q弹的面条里，让人口齿留香。

（7）旅行是对抗平凡日子的解药

很多人会抱怨："温饱都没解决，哪有钱去旅行啊？！"在很多人眼里，旅行是有钱有闲的人才去做的事。我也时常和孩子们交流，随着一天天长大，你们也许会变得世故和圆滑，但要记得一直活在环游世界的梦想中。

（8）旅行的第一步是学会放下

放下才能迈出第一步，而往后的每一步，也都是学习放下的考验。我经常对我的两个孩子说："我们做任何事情都要专注，第一步是放空自己，只有全然地放下，才能获得不远离梦想的权利。"

（9）在旅行中遇见美好的生活家

由于工作的原因，我有一年去了20次泰国。由于签证过多，不得不换了一本新护照。我很欣赏泰国人的生活态度，什么都是慢慢来，享受生活最重要。我带着孩子们一起买椰子冰激凌，老板会细心地用椰子装好冰激凌，插上一朵新鲜娇艳的鸡蛋花做为装饰。我们瞬间觉得这个冰激凌是一个美好的作品。在我们心中，这个卖冰激凌的小老板是一个美好的生活家。

（10）让旅行纪念品成为生命的收藏

我是一个耳环控，在世界各地买耳环成为我最大的爱好之一。

第一，因为它有纪念意义，每每戴上它，就能回忆起很多有意思的片段，它是我的旅行"留声机"；第二，耳环非常轻便易携带，我也常常把它做为旅行纪念品送给闺蜜们。我的两个孩子则喜欢收集冰箱贴，牛津、黄刀、悉尼、墨尔本、芝加哥、东京……满满的旅行回忆。我们记录下的小视频和照片，也成为生命的见证。

我会带着孩子们做一件事，在我们的书房里有一张世界地图，我们会一起在上面标注上我们一起走过的足迹。世界那么大，我们一起在旅行中遇见梦想，遇见更好的自己。

从旅行中去探寻家庭美育

我始终认为,在 AI 时代,最有竞争力的两大能力是创造力和审美力。我们需要从小培养孩子对美的感知能力。改变家族艺术基因,从每个生活细节开始,特别是在旅行中,是进行家庭美育的最佳时机。

(1)孩子是天生的艺术家

感谢我的两个孩子,他们带我去发现生命的奇幻和美好。在加拿大多伦多居住的五年,冬天特别长。有一次回家,天依旧在飘着雪,白皑皑的一片。两个小娃特别兴奋,在铺满雪花的地上用脚尖"画"着笑脸,极其专注,全程笑着进行创作。

这个场景太美好了,它深深地印入了我的脑海。画成什么样都没关系,能玩得嗨起来很重要。孩子们用天上的雪为画笔,以大地为纸,创作了世界上独一无二的笑脸作品。

(2)美育从妈妈开始

我理解中的美育更多的不是理论,不是方法和步骤,而是一份参与。一份妈妈投入地融进孩子们的世界,投入地活在当下的参与,让美和艺术成为我们和孩子们产生共鸣的语言和情感。我们每去一个新的国家或城市旅行,我一定会找到当地最有名的美术馆或博物馆，带孩子们去观摩。

我几乎带着两个孩子逛完了多伦多大大小小的美术馆，之后又去到蒙特利尔、渥太华、温哥华……继续看展。加拿大逛完了，再去美国的艺术馆和博物馆，纽约、华盛顿、芝加哥的各大艺术馆也遍布着我们的足迹。可能很多妈妈会问："孩子这么小，能看懂吗？""我担心他们会吵闹，影响别人看展。"

如果你曾经去过北美和欧洲旅行，你会发现很多年轻的父母是推着婴儿车来逛美术馆的。我曾经听过一个讲座，是由卢浮宫的负责人来分享的，她告诉大家卢浮宫不仅仅是一个艺术展示的空间，在他们做艺术教育的过程中并不是仅仅展示一个艺术空间和众多的名品，更多的是鼓励那些没有机会和孩子长期相处的父母，在一个充满艺术品的空间里获得更深入地与孩子交流的机会。

他们从小在艺术的氛围中进行熏陶和锻炼，对美好的事物心生向往。我们做父母的，都希望孩子的人生幸福，美和艺术是不可或缺的成本。画画、音乐、对美的感知力能帮助孩子们获得更有品质的生活。

（3）拥有一双发现美的眼睛

旅行会让我们跳脱出循规蹈矩的生活，去重新开启新生活的可能性。我们通过去创造，开启不一样的旅行生活。我自己有个癖好，喜欢在不同的国家或城市进行晨跑，用图像和文字记录下我所经历的喜悦和丰盈。

我的两个孩子感知美的能力比同龄的小伙伴要强，最重要的是我们可以全情与孩子们在一起，放下手机，放下生活中的烦恼和打扰，专注于和孩子一起创作的时间。我的女儿回中国后也开通了抖音账号，偶尔会上传自己旅行和周末的生活和遇见的小确幸。我是支持的，因为她在创作自己的生活故事，分享美好的回忆给大家。在出发点上是积极阳光的，所以我很支持。

在大自然环绕的旅行环境里，我们可以更快速地、更直接地去谈论起生命中那些深刻的、宏大的主题，比如生死，可以开始与孩子深入交流对人生和对生命的态度和看法。这些是我们在日常生活中难以企及的领域和话题。借由旅游这种轻松的氛围，可以更好地读懂世界，读懂自己。

孩子们是天生的艺术家，他们充满活力、无时无刻不在天马行空地想象着，随时随地在创造。家庭美育可以帮助我们构建一个更深层次的亲子关系。

打造一个温暖有爱的旅行之家

我们一家四口的旅行始于儿子在 1 岁 3 个月的以色列之行。我们后来又陆续去了英国、法国、澳大利亚、古巴、美国……我们喜欢选择公寓式酒店,带厨房和餐厅的那种,我们可以有机会在这些流动的家中创造温暖有爱的氛围。

在墨尔本和悉尼时,我们会一起去楼下的超市买菜,一起做饭,一起到屋顶的恒温泳池去游泳。印象最深的是在瑞士的茵特拉根小镇,我提前订了一个阿尔卑斯山下的民宿。推开窗就是连绵的雪山,我们一家四口在无敌美景中吃着早餐,两个小娃爬往窗外,坐在窗台的背影美得就像一幅画。

(1)在旅行中互相尊重、互敬互爱

互相尊重是基础,每个家庭成员都有正面、积极的心态,我们要鼓励孩子们充满信心及活力。每个成员都应当让对方感受到信任、支持和爱。

(2)在旅行中容许差异、各担己任

在家庭成员中容许有不同的看法和做法。敢于尝试和认错,不要坚持别人与自己要有同样的看法,接受别人的错误,对每一个人诚实,对自己的行为 100% 负责任。我们做父母的要以身作则,并鼓励孩子们和我们一样负起责任来。

（3）在旅行中乐于助人、独立思考

乐于助人是特别棒的美德，我们父母可以引导孩子们去做助人为乐的事，家庭成员们互相交流和鼓励，对孩子们的新颖看法给予支持和肯定，引导他们去看到更多的可能性。

（4）在旅行中坚持付出、同甘共苦

我们要认识到每个家庭成员的价值、能力和对他人的贡献。付出是最好的爱，无论是欣喜还是悲伤，我们都要和家人分享。特别是孩子们在旅行中碰到不如意的事，我们要迅速转化，关怀孩子的感受，与孩子们同甘共苦。

（5）在旅行中用信念创造结果

信念是我们所确认的世界维持下去的法则，是这个世界种种关系的逻辑。自信是信赖自己的能力，在旅行中多去激发孩子正面的价值，先建立了自信，才能建立自爱；有了自爱，才能建立自尊。

（6）在旅行中增添内心能量

内心能量的增加，可以让孩子多做事；多让他们拿到结果；多因做到而得到肯定。我们要帮助孩子们去接纳自己的情绪，不断增加内心能量，外在的呈现都会因为内心能量的增加而变得更加美好。

人生的每一次旅行都会让我们学到一些东西，孩子们在温暖有爱的旅行之中，去不断地丰富自己，去接受不能改变的人和事，去创造我们可以改变的一切。

开启美妙的亲子旅行

我经常带我的两个孩子去旅行，对我们来说，最大的财富是在旅行中经历的那些有趣且真实的感受。

我们只需要一颗时刻丰满的好奇心，便可以随时开启一段适意的旅程。在孩子 12 岁前，给予他们尽可能多的生命体验。

（1）旅行有助于神经元的连接

大脑神经元之间的连接网络，绝大部分是因为受到外界的刺激而产生的。从出生至 12 岁这个阶段里，由神经元组成的连接网络会不断地发展出一些特别的组合，去配合思考、说话、观察、行动等成长所需的条件。

在旅行中，我们要多给孩子们机会去处理问题，他们从中可以学到与人沟通、建立人际关系、自我价值评判、化解冲突等功课。

（2）鼓励孩子去创造

多给孩子们鼓励，每当孩子们做得效果不好，要鼓励他们，向他们表示我们对他们很有信心，支持他们有新的想法，多肯定他们的感受和体验。

自我价值是在孩子们的旅行过程中，从每一件大小事中过滤出来的总的结果。一个孩子是否在成长中具备足够的自信、自爱和自尊，决定了他人生有多少的成功、快乐和幸福。

帮助孩子们根据自己的能力、兴趣和价值观，制定相应的目标。可以让孩子在旅行中担任策划和导游的工作，我会让女儿来设计旅行方案，游览什么景点？在哪里用餐？她在这个过程中建立了自信，觉得自己有机会参与并主导全家人的行动，感到非常骄傲。

（3）让孩子学会照顾自己

生命系统有一个核心动力，就是维持系统本身的有效延续：平衡、发展、壮大。在孩子们的成长过程中，需要父母的温暖、安全、力量和爱。

旅行的意义在于感受，旅行中所经历的新鲜事物能够激发潜能，提升创造力。国外强调儿童的左脑和右脑训练并重，当理性和感性配合运用，才能达到人的智慧与能力的最高境界。

让孩子在旅行中产生兴趣和乐趣是最重要的事。强调孩子们参与旅行计划的过程，比赞美他们取得的结果更重要。我们无法保证人生里的每一件事情都做得很好，但是没有恒心和毅力去做，就连成功的机会都不会有。

孩子们能在旅行中养成通过自身的努力把过程做好的能力，这是他们未来拥有成功和快乐的保证。

和孩子一起优秀